劫持
比特币

不为人知的
比特币夺权历史

罗杰·维尔 著

ROGER VER WITH

STEVE PATTERSON

TRANSLATED BY WANG YIYING

Published by Roger Ver

Rogerver.com

Co-written with Steve Patterson

Steve-patterson.com

ISBN: 9798989492466 (Print)

ISBN: 9798989492480 (ePub)

ISBN: 9798989492435 (English)

　　罗杰·维尔（Roger Ver）是全球首位投资比特币初创公司的投资人，自加密货币行业诞生以来就享有盛名。他投资了Bitcoin.com、Blockchain.com、Bitpay、Ripple、Shapeshift、Kraken等众多企业。作为一名科技企业家，罗杰在2011年发现比特币后，立即意识到这项技术将改变世界。从那时起，他便全身心投入到比特币和其他区块链技术的推广与发展中。

译者说明

本译文旨在忠实呈现Hijacking Bitcoin的原著内容，同时让中文读者能够清晰、流畅地理解书中的思想和论述。在翻译过程中，我尽力保留作者的语气、意图及深刻的观点，同时对文化背景和技术术语进行了适当的调整，以确保译文的准确性和可读性。

特别是在涉及加密货币相关术语的翻译时，如"区块大小""分叉"和"矿工"等，我采用了区块链行业中较为通用的译法，以保证术语使用的一致性。然而，由于部分概念较为复杂且不断发展，我在某些地方增加了解释性注释，以帮助读者理解。

这本书对于我个人而言，意义尤为深刻。早年，我曾担任8BTC和Bitcoin.com新闻媒体的英文记者，亲身见证了比特币社区这些年来的演变与发展。书中对加密货币行业的回顾，以及对比特币社区的反思，让我不禁回忆起许多过往的时光。翻译此书的过程，也让我重新审视了这段行业历程中的点点滴滴。

本书记录了作者关于比特币历史的独特视角，涉及许多引发比特币社区热议的争议性话题。译者在翻译中保持中立，不对这些争议做任何价值判断，仅尽可能准确地传递作者的观点。

此外，尽管已尽力确保译文的质量，但若有任何错误或遗漏，责任由译者本人承担。如有疑问，欢迎读者对照原著英文版本阅读。

感谢您的阅读，希望本译文能帮助您更好地了解比特币这一令人着迷且复杂的领域。

王艺莹

前言

　　这本书是一部悲剧。它按照时间顺序还原了一种原本致力于自由解放的货币技术如何被篡改并用于其他目的。在此之前，从没有哪本书涵盖了如此多的细节。阅读此书，我不禁悲从中来。我们曾有机会解放世界，却白白错过了，还是被人有意为之的。

　　作为比特币的早期采用者，我们见证了它日益获得瞩目，并似乎为货币的未来提供了一种可行的替代路径。政府利用超发货币敛财已长达数千年，现在人类终于拥有了一种无法触及的、健全、稳定、民主、廉洁的技术。这一技术实现了历史上所有追求自由的伟人的愿景。终于，货币可以从国家控制中解放出来，从而服务经济目标，提高全人类福祉，而不是政治目标，如战争、通货膨胀和国家扩张。

　　遗憾的是，这个愿景并未实现。如今，比特币的采用率竟比五年前还低。它脱离了最终取得胜利的轨迹，走上了一条不同的道路：慢慢拉盘，让早期持有者赚得金满钵满。简而言之，这项技术被一些当时几乎没人理解的小改动劫持了。我当时也不理解这一点。我玩比特币多年，深深震撼于其结算速度之快、交易成本之低以及无需银行即可交易的能力。彼时我对此"奇迹"赞叹有加。2013年10月，我在乔治亚州亚特兰大举办了一场会议，专注讨论加密货币的知识和技术。那是早期为数不多的全国性会议之一。哪怕在这场会议上，我也注意到有两种针锋相对的流派：一派相信货币竞争，另一派则只忠于一种协议。

两年后，我首次注意到网络严重堵塞时才意识到出了问题。交易费用飙升，结算速度慢如蜗牛，大量出入金渠道因昂贵的合规成本而关闭。我感到疑惑，并请教了一些专家。他们告诉我加密世界正在进行一场隐秘的内战。所谓的"比特币最大化主义者"反对大规模采用。他们支持高手续费，并不介意结算变得缓慢。而且，这些最大化主义者甚至在少数几家在政府打击下仍然运营的加密货币交易所中任职，其余交易所则已被迫关闭。

与此同时，新技术的出现大大提高了法币交易的效率和可用性，包括Venmo、Zelle、CashApp、FB支付等。此外智能手机附件和iPad支持任何规模的商家都可以处理信用卡。与比特币不同，这些技术是基于许可的，需要金融公司充当中间商的。但对用户来说，这些支付方式似乎很好，它们的存在挤占了比特币在支付市场的使用场景，而我心爱的技术却正在失去其独特的竞争力。

2017年，比特币的分叉币比特币现金诞生时伴随着巨大的反对意见，仿佛这是场灾难。事实上，比特币现金只是恢复了创始人中本聪的原始愿景。过去的货币历史学家一致认为，把任何商品转化为广泛使用的货币的关键是采用和使用。任何没有可行和可市场化使用案例的商品是不具备成为货币的条件的。比特币现金是恢复这一点的尝试。

2013年到2016年是推广这项新技术的时机，但这一时机遭到两个路线的挤压：技术扩展能力被故意限制和新支付系统的推动，压缩了比特币的使用空间。如本书所示，到2013年底，比特币已经成为被操控的目标。到比特币现金来补救时，网络焦点已经从采用转移到了保留我们所拥有的，并构建第二层技术来处理扩展问题。现在是2024年，这个行业正努力在一个小众赛道中找到自己的路，而"直飞月球"的梦想正逐渐成为记忆。

这本书必须要公之于众。它充斥着错失良机去改变世界的遗憾，表述了一个篡改和背叛的悲剧故事。但同样的，这本书也充满了希望。它勉励我们可以努力确保比特币被劫持不会成为故事的终结。我们仍然有机会借助这项伟大的创新解放世界。当然，这必将是一条曲折的道路。

Roger ver本人并没有在这本书中自吹自擂，但他确实是这个故事的英雄。他不仅深谙比特币技术，而且从始自终都在坚持比特币的解放愿景。我与他一起致力于推广点对点货币的理念，创建一个自由企业货币的竞争市场。该书提供了极其重要的文献历史，仅凭其论述就足以挑战任何站在对立面的人。无论如何，这本书必须存在，尽管它会勾起痛苦的回忆。这本书是送给世界的一份礼物。

Jeffrey Tucker

布朗斯通研究所主席

介绍

过去十三年，我致力于把比特币和其他加密货币打造成货币的未来。这项技术或许可以促使世界变得更加自由和繁荣，并最终成为历史上最重要的发明之一。我花了十多年的时间布道比特币，资助了无数加密货币初创公司，也围绕比特币建立了自己的企业，并见证了其价格涨幅超6,500,000%。然而，这本书并不是在讲述我有多爱比特币，我甚至希望不必书写此书。我在2011年参与的项目已经被人劫持了，并且正在变得更糟糕。比特币被设计为数字现金，可用于日常支付，具有手续费低廉且交易速度快等优势，并且多年来一直如此。但今天，比特币被认为是"数字黄金"，不适用于日常交易，费用高昂且交易缓慢——这完全颠覆了其设计初衷。它被宣传为一种"价值存储手段"，却闭口不谈其作为支付系统的实用性。甚至有人声称比特币不能作为支付手段，因为它无法扩展。这些通通有悖事实。比特币不再作为数字现金使用的原因与其基础技术无关，而是因为接管了这个项目的软件开发者们决定改变其设计，并故意限制其功能——或许是出于无知，也可能是有意破坏。开发者对比特币的接管大约在2014年到2017年间，并最终导致网络分裂为两部分，整个加密货币行业分裂成诸多赛道。比特币最初的设计仍然存在，依然很有前景，只是不再使用"BTC"的标志。

这些年，我依旧在世界各地宣传加密货币的好处，但显然几乎没有人知道比特币被劫持的内幕。比特币的主要线上论坛多年来一直被严格审查，控制着人们接收到的信息。比特币最大化主义者——那些坚持认为BTC以外的所有项目都是骗局的人——也尽力阻止批判性调查。他们的主要手段是在社交媒体上欺凌用户。任何质疑他们叙述的人都会引来嘲讽，这是一种有效的让人保持沉默的策略。由于没有人站出来，新用户几乎没有机会了解比特币的真实历史和设计理念。我希望通过本书来提供这些信息。

《劫持比特币》共计有三个部分。第一部分详细介绍了比特币的原始设计及其所做的激进更改。第二部分是开发者控制比特币的历史，包括他们使用的许多肮脏手段，如审查、洗脑式宣传和对持不同意见企业的攻击。第三部分是关于从劫持者手中拯救比特币，并提供一个现实可行的愿景。

能够在早期参与突破性技术是许多企业家的梦想，而我的旅程充满了激动人心的时刻和有趣的故事。但这本书不是回忆录，其目的是科普不为人知的历史。过去几年，我在私人对话、公开演讲和直播中分享了这些信息，但现在是时候把这一切写下来。我希望帮助人们了解比特币的现状及其发展历程。对那些有兴趣将快速、便宜、可靠和抗通胀的数字现金带给全世界的企业家和投资者来说：我们仍有机会实现这一点。我们需要共同推广愿景正确的加密货币。

目录

第一部分

精巧的设计

第一章

被改变的愿景

2009年，比特币的问世开启了一场加密货币革命。过去十年，比特币从默默无闻发展成名声大噪，催生了一个新兴产业。企业家们试图利用这项技术来解决各种问题，包括改进在线支付到重建全球金融系统。新闻报道趋之若鹜、华尔街的投机热情高涨，网络讨论应接不暇，加密货币几乎成了二十一世纪最受追捧的技术。然而，尽管有炒作需求和天文数字般的高价，比特币在现实世界中的影响却微乎其微。加密货币未来可能会成为新金融系统的基础，或成为政府发行货币的替代品，但迄今为止，它们主要被用于金融投机。

这让我想起了1990年代互联网热潮期间我住在硅谷的场景。互联网技术被预测将彻底改变全球商业，这意味着任何拥有高端域名的"互联网公司"即使没有基础设施或可行的商业计划，也能筹集数百万美元。那时的种种投机行为令人难以置信。很多大规模的初创公司在上市短短几年后就宣告破产。尽管臭名昭著的互联网泡沫破灭了，但是互联网确实彻底改变了世界。这项技术成为了全球经济的基础设施和现代生活中不可或缺的一部分，尽管这一技术的成熟过程比人们预计的要漫长。加密货币正沿着类似的发展路径。哪怕存在疯狂的投机行为和相对较少的使用案例，加密货币似乎仍然是我们未来不可避免的一部分。任何关于加密货币的故事都绕不开比特币，它是所有加密货币的鼻祖。自2010年发现比特币以来，我的生活就与它紧密相连。我在2011年初以每枚不到1美元的价格购买了第一批比特币。几个月后，价格飙升至30美元，但在同年11月又暴跌至2美元。这是比特币经历的首次极端价格波动，日后币价将频繁地坐过山车：价格暴涨后会伴随着80%或以上的暴跌。波动性为新闻头条提供了丰富的素材，因为公众几乎只关心币价。但对我来说，比特币不仅仅是一项金融投资。它是促进世界经济自由的有力武器。

早期的比特币社区充满了古怪的人和新颖的想法。我的政治和哲学理想让我对比特币格外感兴趣，这一点同许多人一样。我非常重视自由，并相信个人应该对自己的生活有最大的控制权。政府拥有的权力越多，个人拥有的权力就越少。我从经济学和历史研究中得知，中央银行对货币供应的控制赋予了政府巨大的权力。因此，比特币对我来说具有天然的吸引力，因为它无需中央管理机构来运作。人们无需获得许可即可使用它。没有"比特币中央银行"来控制货币供应，这项技术也没有国际边界。几乎没有什么比快速、廉价、无需许可、抗通胀的数字货币更有可能增加全球自由的发明了。

未来主义是我对加密货币保持高度热爱的另一主要哲学动机。思想家雷·库兹韦尔（Ray Kurzweil）描绘了这样一种引人注目的未来图景：人类通过先进技术极大地改善了人类福祉。当经济和技术发展达到一定程度时，我们能够大大减少世界上的痛苦，甚至延长人类寿命，以便在地球上享受更多的时间。为了实现这一目标，我们需要足够的财富和繁荣来资助研究和实现不断创新的自由。在我看来，比特币让我们更接近一个技术发达的未来，在这个未来中每个人的生活都得到了改善。

这些信念在早期的比特币社区中并不独特。在线论坛和留言板是讨论比特币的中心枢纽。只要登陆这些平台，你会看到无休止的讨论。大家认为比特币不仅仅是一个简单的支付系统或投机性的金融投资。我们都相信这项技术可以用来极大地改善世界。Coinbase的联合创始人兼首席执行官布莱恩·阿姆斯特朗（Brian Armstron）在一篇题为《数字货币将如何改变世界》的文章中完美地表达了这一情感：

"数字货币可能是世界上最有效的增加经济自由的方式。如愿景实现，将产生深远的影响。它可以使许多国家摆脱贫困，改善数十亿人的生活，加速世界的创新步伐。减少战争，让10%的最贫困人口生活得更好，推翻腐败的政府，提高幸福感。[1]"

我把热情付诸于行动，不管别人愿不愿意听，我都坚持布道比特币的福音，并获得了"比特币耶稣"的称谓。我告知亲朋好友，媒体以及我光顾的商家"比特币是为互联网设计的快速、廉价、可靠的货币"。有了比特币，你只需花费一美分或更少的费用就可以瞬间将任何金额的钱发送到世界各地。事实上，大多数比特币交易在早期都是完全免费的，到后来交易比特币需要支付

---

[1] "How Digital Currency Will Change The World", Coinbase, August 31, 2016, https://blog.coinbase.com/how-digital-currency-will-change-the-world-310663fe4332

少量的手续费。不论个人意识形态如何，人们都能立即见识到这种技术的价值。那时最流行的一种营销手段就是让人们使用比特币，因为相较于其他支付系统，比特币的用户体验非常棒。我会让听众在他们的手机上下载一个钱包，给他们发送几美元的比特币。人人往往在第一次体验了比特币交易后，只需等待几秒钟，就会发出惊叹的"哇"声。

到了2015年，比特币已经积累了巨大的优势，看起来势不可挡。从微软到Expedia等知名公司都开始接受比特币支付，这一年轻的行业正在呈指数级增长。成功开始累积，风险投资增加，媒体报道变得正面，比特币看起来就要登上月球了（注：Bitcoin to da moon直译为"登上月球"，暗示一飞冲天，币价上涨）。

登月失败

时至今日，虽然比特币成为了家喻户晓的名字，但尚未征服世界。事实上，除了占据头条新闻和惊险的价格图表，比特币面临着一个严峻的现实：自2018年以来，比特币的实际使用量有所下降，许多企业完全放弃了使用比特币作为支付选项。多次网络拥堵导致比特币的交易费用高得惊人，支付不再稳定。在网络拥堵时，一笔交易的平均费用高达50美元以上，还需要几天甚至几周的确认时间。最糟糕的是，这些失败促使行业采用了所谓的"托管钱包"，这相当于由银行或公司来管理客户账户。

托管钱包的大规模使用破坏了比特币的设计初衷，因为用户把控制权交给了一个可以审查、跟踪甚至能没收资产的第三方，这无异于在Venmo等银行上开户。欺诈也变得更容易。例如，当FTX

交易所于2022年倒闭时，超过十亿美元的客户资金凭空蒸发。这仅仅是因为FTX控制了用户的钱。比特币整合到Paypal中是另一个显著的例子，用户被引导使用托管钱包，而不是个人控制他们的资金。如果普通人都在使用托管钱包，比特币将失去使其具有革命意义的关键属性。

高额的手续费、不可靠的支付选项、托管钱包的崛起和减少的商业使用场景，这些因素导致比特币无法登月；它甚至没有离开轨道。那么，究竟发生了什么？

官方说法

对这些负面趋势的传统解释是比特币成了自身成功的牺牲品。比特币愈加成功，网络容量就会愈发趋于耗尽。内在的技术限制导致其费用飙升，支付变得不可靠，商家便会放弃比特币支付，转向托管钱包。为了应对这些问题，比特币的叙述定位被转变为"数字黄金"和"价值存储"而非数字货币。一旦比特币不打算用于日常商业，那么它是否被用作支付系统就无关紧要了。

尽管媒体和网络热帖中经常重复这些观点，但这并非事实。真相充满了戏剧性。比特币是为大规模使用而构建的，并不存在内在的技术限制。相反，这个项目被一小群软件开发者接管，并重新设计了整个系统。他们故意限制了比特币的区块容量和特性，并公开倡导高费用和交易积压。这与最初的设计背道而驰。

当我告诉人们这些时，总是会被认为是在夸大其词。实际上，开发者自己也这么说。例如，具有影响力的比特币开发者Greg Maxwell非常直白地说，"我不认为交易费用飙升是失败。这是一种成功[2]！"另一位比特币开发者Mark Friedenbach表示："慢速确认，高费用是网络安全妥协的结果[3]。"2017年12月，比特币几乎停滞不前，平均交易费用超过50美元，开发者高兴到要"开香槟庆祝[4]"，并声称交易积压是"稳定所需[5]"。

如果你在2012年告诉我比特币开发者未来会期待高费用和慢交易，我不会相信你，任何帮助创建这个行业的早期企业家都不会相信你。这个想法太奇怪了。昂贵的交易和网络拥堵对于安全或稳定来说不是必要的。事实正相反：高费用和不可靠的支付会促使人们使用托管钱包，这破坏了比特币的设计愿景。

按目前的路线，比特币并不会造福普通人。这个项目在过去几年中停滞不前，不是因为技术失败，而是人为导致的。具体来说，是有些意见领袖居心叵测，采用有缺陷的治理模式。我在2010年初遇比特币时，它让我感到兴奋，以至于我几乎觉得有义务把它分享给其他人。今天，鉴于所做的改变，我觉得有义务告诉人们一个坏消息：比特币被劫持了。它不再是最初启发我和其他无数人的项目了。好在比特币的故事还没有结束。

2 DishPash, "Peter Wuille. Deer caught in the headlights.", Reddit, December 8, 2015, https://www.reddit.com/r/bitcoinxt/comments/3vxv92/ peter_wuille_deer_caught_in_the_headlights/cxxfqsj/

3 Chakra_Scientist, "What Happened At The Satoshi Roundtable", Reddit, March 4, 2016, https://www.reddit.com/r/Bitcoin/ comments/48zhos/what_happened_at_the_satoshi_roundtable/d0o5w13/

4 Gregory Maxwell, "Total fees have almost crossed the block reward", Bitcoin-dev mailing list, December 21, 2017, https://lists.linuxfoundation. org/pipermail/bitcoin-dev/2017-December/015455.html

5 CoinMarketSwot, "Hey, do you realize the blocks are full? Since when is this?", Reddit, February 14, 2017, https://www.reddit.com/r/btc/ comments/5tzq45/hey_do_you_realize_the_blocks_are_full_since_when/ ddtb8dl/

替代方案

可扩展的比特币初始设计依然存在，但它不再使用BTC的标志；而是被称为"比特币现金"，标志是BCH。这个行业被BTC开发者耽搁了好几年，直到2017年，一个新的网络创建了。它保留了比特币费用低、转账快、无需托管钱包的数字现金的特征。BCH的网络知名度远不如BTC，但它已经将交易吞吐量扩展到BTC的30倍以上，并计划在未来继续扩展。

比特币现金诞生的导火索存在争议，这一事件被称为"比特币内战"。至今，BTC和BCH社区经常敌视对方。如果你只是偶尔关注比特币，那么你听到的都是BTC的一面之词；这本书讲述了故事的另一面，包含了历史细节、摘录和其他早期采用者的回顾，他们都表达了希望比特币作为数字现金的愿景。

为了区分不同的网络和群体，有必要明确相应的术语。BTC网络通常被称为"比特币核心"，而BCH网络通常被称为"比特币现金"。以下我会分别指代为BTC和BCH。单独的"比特币"一词指的是两种网络都使用的基础技术。比特币核心和比特币现金都使用比特币技术，并共享相同的交易历史，直到2017年8月分裂。比特币核心开发者决定更改原始设计，而比特币现金开发者坚持了初始设计。

避免危机

如果比特币技术真的是革命性的，那么势必会威胁到现有的金融和政治机构。但按照目前的发展轨迹，如果不做出改变，那些机构将会同化加密货币并使其失去颠覆性。比特币可以让世界变得更加自由，而这一机会窗口正在关闭。这个行业可能会面临两种失败情景。第一种是完全被现有的金融和监管系统操控。托管钱包的大规模采用使这一切成为可能，因为交易可以轻易地被追踪和控制，政府可以毫不费力地迫使公司遵守规定。

另一种失败情景是人们干脆放弃抗通胀的数字现金这一愿景。我见过许多才华横溢的人才和能干的商人由于比特币核心的失败而过早地得出比特币无法扩容的结论。如果人们意识到原始比特币技术仍然存在，尚且运行良好，甚至可以扩展至全球采用，那么这种幻灭是可以避免的。而比特币核心已经背离了这种设计。在对区块链技术失去信心之前，企业家和开发者需要首先体验原始版本。我不断尝试新的加密货币，而目前为止比特币现金仍为我提供了最佳的用户体验之一。

比特币牵扯到国际金融、政治权力和颠覆性技术等诸多因素，因此也是整个加密货币行业最戏剧性的代币之一，其素材足够制作好几部好莱坞电影。这本书只能涵盖整个故事的一部分：从一位在商业中有着最多使用经验的企业家的角度来讲述比特币开发被垄断和分裂为比特币现金的故事。

第二章

比特币基础知识

社交媒体传播了大量关于比特币的不实信息。线上论坛也在多方阻挠诚实的调查。如果一个好奇的用户问错了问题或表达了错误的观点，就会涌现一批愤怒的评论者去攻击他的智商、名誉，甚至是他的生意。比特币最大化主义者——那些坚称BTC是唯一合法加密货币的人——因使用这种打压策略而臭名昭著。他们会列出一长串理由来谴责BCH这类的替代项目都是骗局，坚称再多的争论都无济于事，并攻击持不同意见者。大多数人没有时间去调查这些说法，也不想成为众矢之的，所以最终接受了官方叙述。

要看清陈述的表面并真正理解比特币核心和比特币现金的区别，我们首先必须了解比特币最初的设计。追溯历史可以查阅比特币的创造者中本聪很多公开的对比特币设计的解释和讨论。继他之后的其他伟大思想家和工程师，如Gavin Andresen和Mike Hearn也清晰地解释了比特币的核心思想。他们的叙述将贯穿全书，是比特币入门必读的内容。在深入研究之前，让我们先来了解三个关键概念：区块链、矿工和全节点。

区块链

比特币围绕着"区块链"技术展开。区块链只是一个公共账本，用于记录所有比特币的余额，并且大约每十分钟更新一次新交易。这些新交易被打包成"区块"，然后一个接一个地"链"在一起，形成"区块链"。区块链的独特之处在于，它不是由中央权威机构维护的。没有单一机构处理所有交易或确定账本条目。相反，它由全球分散的计算机网络维护和更新，没有中央控制或故障点。

区块对于理解比特币中的不同哲学至关重要，可以大致分为"大区块派"和"小区块派"。顾名思义，大区块派希望区块更大。区块越大，网络的交易吞吐量越大，处理每个区块所需的资源也越多。小区块派希望保持区块足够小，以便任何人都可以同步它们。我们将在后面更详细地讨论这一差异。

矿工

并不是任何人都可以向区块链添加区块。这个任务专属于矿工。矿工通过将交易捆绑在一起形成一个区块并添加一个特殊的证明来更新账本。这个证明是一个数学难题的解决方案，需要大量计算能力才能解决。世界各地有专门用于解决这些难题的机器仓库。这些机器每台都需要电力，这意味着成为比特币矿工是有成本的。

矿工通过两种机制来获利：交易费用和区块奖励。交易费用就是用户支付的将其交易添加到区块的费用。区块奖励是每个区块新铸造的比特币。矿工每添加一个区块到链中就会获得少量新产出的比特币。这个奖励大约每四年减半。在最早的时候，矿工每个区块能获得50个比特币。在我着手此书时，区块奖励已减少至6.25个比特币。最终，区块奖励将变得微不足道，这将使交易费用成为矿工的唯一收入来源。

大区块派认为矿工对维护比特币系统至关重要，具体体现在保护网络免受攻击、维护账本和处理交易等。矿工时常要投资数百万甚至数千万美元升级到更强大的设备。2018年，比特大陆公司宣布计划在德克萨斯州建立全球最大的矿场，预计总投资超5亿美元[1]。比特币挖矿需要高额的投资和维护成本。正因如此，大多数大区块派认为矿工应该在比特币的发展中拥有最大的发言权。他们能否挖到币决定了他们血本无归或者获益颇丰。所以，他们有强烈的动机确保比特币保持有用和有价值。

小区块派对矿工持怀疑甚至敌对的态度。因为矿工是唯一可以向比特币网络添加区块的人。如果他们集中了大量算力，可能会成为系统性威胁。如果只有少数主要参与者主导市场，那可能会使比特币本身变得过于集中。大型矿场还会给系统带来政治风险。如果政府决定攻击、监管或控制最大的矿工，他们可能会扰乱或控制比特币。矿工的角色是导致比特币现金分裂的核心分歧。

全节点

幸运的是，如果你想使用比特币，你不必成为矿工或运行高强度软件。普通用户可以通过更简单的方式访问网络。中本聪描述了一种简化支付验证（SPV）的方法，使用户可以用最少的成本发

---

1 "Bitmain Chooses Rockdale, Texas, for Newest Blockchain Data Center", Business Wire, August 6, 2018, https://www.businesswire.com/ news/home/20180806005156/en/Bitmain-Chooses-Rockdale-Texas- Newest-Blockchain-Data

送、接收和验证自己的交易。在比特币的大部分历史中，大多数钱包都使用SPV或其他类似方法访问区块链。由于托管钱包的普及，这一趋势在BTC中正在逆转，但在BCH中仍然是常态。

还有一种访问比特币网络的方式需要更多成本。一些用户运行"全节点"软件，这些软件包括下载整个区块链并验证每一笔交易。整个BTC区块链包含大约8亿笔交易，目前大小约为450GB。对于首次运行全节点软件的用户来说，同步全网数据可能需要几个小时。此外，如果全节点与网络断开连接，他们必须下载并验证所有最新的区块才能再次使用比特币。这就是为什么SPV这一发明意义重大。它省时省力，还能提供出色的安全性。SPV允许你验证自己的交易，而全节点允许你验证区块链上的所有交易。

大区块和小区块之间一个重大的区别是全节点的角色。大区块派认为，网络上的绝大多数活动应该在矿工和使用SPV或类似技术的轻量级钱包之间进行。他们认为全节点只在某些特殊情况下有用，比如需要在短时间内验证许多人的交易，例如运行加密货币交易所或支付处理器。由于网络不向全节点操作员提供任何经济补偿，并且大多数人没有必要验证陌生人的交易，普通用户没有动力运行这样的超负荷软件。中本聪明确自己是一位大区块者，他表示，"（比特币的）设计支持让用户只是用户[2]。"

相反，小区块派认为全节点对网络至关重要。他们认为用户应该运行自己的节点，这就是为什么保持小区块至关重要。然而，运行节点的成本随着区块大小的增加而增加。实际上，小区块者声

---

2 Satoshi, "Re: Scalability and transaction rate", Bitcoin Forum, July 29, 2010, https://bitcointalk.org/index.php?topic=532.msg6306#msg6306

称比特币无法扩展的主要原因是因为大区块对于节点维护人员更昂贵。与其得出结论认为普通用户不应该运行全节点，他们得出的结论是比特币无法扩展。从我的角度来看，这是关于比特币的最大误解之一，我们将在下文深入分析这一点。

五大根本区别

我们已经对中本聪设计比特币的原始愿景进行了大量讨论。我和其他早期采用者认为他的设计在现实世界是行之有效的。正因如此，我们没有任何理由去动其根本。批判者认为中本聪在一些关键领域的设计是错误的，应相应地改变协议。比特币核心的开发者就持有这种观点。遗憾的是，他们最终掌控了比特币的开发权限。

比特币最大化主义者常常将坚持原始愿景比作一种盲目信仰，批判要绝对忠诚于创始理念的行为。但这种论点站不住脚。坚持中本聪的设计绝不是教条主义。比特币是一个复杂的系统，有许多运作部分。除了软件和计算机网络，它还是一个涵盖了经济机制的完整经济系统。如果你能同时留心比特币的软件设计和经济设计，就会发现其设计是如此巧妙而和谐，不应轻易做出改变。

比特币核心的开发者决定不通过增加区块大小来扩展比特币以提高的交易吞吐量，而是通过多层架构来扩展比特币。据他们所说，第一层为"链上"交易，基于此构建附加层。附加层是"链下"的，即交易不会记录在区块链上，从而避免了扩展基础层的需求。广受炒作的"闪电网络"就是一种二层网络方案，但它有一系列根本问题。我将在第九章中详细讨论它的问题。其中一个重大问题是，它需要发起链上交易才能使用。要连接到闪电网络，你必须在基础层上至少进行一次交易，如果BTC出现拥堵，这笔交易可能会花费一百美元的手续费。这个关键缺陷竟没有解决方案。

比特币核心把所有希望都寄托在附加层上。他们颠覆了原始系统，使基础层交易变地慢又贵，却没有给出一个简单、可靠的替代方案。当前版本的闪电网络既不可靠也不安全（这就是为什么最流行的闪电网络钱包现在是托管型的）。可以说能帮助BTC增强未来自由货币的技术还尚未创建出来。

2021年7月，埃隆·马斯克在一次会议上指出，BTC的交易吞吐量存在问题，并支持通过扩展其基础层的大小来扩展加密货币：

"探索最大的吞吐量，更低的交易费是合理的，单层网络的潜力有待挖掘。或许会远超大家的想象[3]。"

马斯克是BTC的重要支持者，但他的工程直觉与BCH的理念一致。扩展基础层是正确的想法，且一直都符合原始的设计理念。

中本聪并非圣人，但正如后面的章节会解释的那样，他的想法是引人入胜的，深思熟虑的，值得我们诚实的检验。他的设计不需要添加复杂的附加层，哪怕可以与比特币兼容。我们不应该盲目跟随任何个人或团体开发者，亦不能只认交易标志，而应判断技术本身的优点。参考下中本聪的观点，也听听核心开发者的意见，然后做出自己的决定。

原始设计和比特币核心的新设计之间的差异可以用五个关键理念来概括：

3 BITCOIN, "Bitcoin: Elon Musk, Jack Dorsey & Cathie Wood Talk Bitcoin at The B Word Conference", Youtube, July 21, 2021, https://youtu. be/TowDxSHSClw?t=8168

1.比特币被设计为用于互联网支付的数字现金。

2.比特币被设计为具有极低的交易费用。

3.比特币被设计为通过增加区块大小来扩展。

4.比特币被设计为无需普通用户运行自己的节点。

5.比特币的经济设计与其软件设计一样重要。

以上每一点都是中本聪和其他先驱者认同的比特币原始愿景的核心。但今天，主流叙述几乎与每一点都不符。如果你关注网络电视或流行播客的评论员，你可能会相信以下观点：

1.比特币被设计为一种价值存储手段，哪怕不能作为交易媒介。

2.比特币应该维持高交易费用。

3.比特币不能通过增加区块大小来扩展。

4.比特币的安全性依赖于普通用户运行各自的节点。

5.比特币的经济设计是有缺陷的，需要由软件工程师来修复。

这些观点都是错的。即使你喜欢比特币核心所做的改变，历史记录也清楚地表明它们违背了原始设计。接下来的章节将详细审视这些论点。

第三章

用于支付的数字现金

互联网是世界上最强大的信息分发工具。人们可以通过Google、YouTube、维基百科，乃至社交媒体学习任何东西。然而，这些渠道很容易被污染或被操控。例如，你在推特上提及加密货币时，一定会遇到一群随机的用户推销他们喜欢的币且贬低其他币。如果你仔细观察就会发现许多账户都使用的假头像，也没有粉丝，整天都在推特上推销一些加密项目。单独来看，这些账户看似没有关联且无关紧要，但当有数百或数千个账户这样做时，就可以影响公众舆论。我亲眼见证了这一点。加密货币行业已经被社交媒体和线上的不实信息永久性地影响了。这些手段是比特币历史上丑陋的存在。

这些策略不道德，却行之有效。它们帮助比特币核心团队达成这样一种叙述目的：围绕比特币的设计初衷存在争议。比特币不再被认为是日常生活的支付系统，而被描述为一种"价值存储手段"，无需作为现金使用。学术界和其他社区都在传播这种观点。热销书籍《比特币标准》中写道：

"比特币的真正竞争优势可能正是作为一种价值存储手段和

大额支付的最终结算网络——一种具有内置结算基础设施的数字黄金[1]。"

我也曾喜欢"数字黄金"这个比喻，直到它被本末倒置。过去我们说比特币像数字黄金，是因为它不会被中央银行通胀，并且它是数字形式的，可以几乎无成本地即时发送到世界各地。可不是现在人们所说的"数字黄金"的意思。相反，他们用这一比喻来表达相反的观点：比特币像黄金，因为它的交易成本高，并且不常被用作交换媒介。当人们提到比特币时，不再联想到黄金作为货币的优势，而是它的弱点。

一些比特币核心的支持者更加激进。他们不仅声称比特币作为价值存储手段比支付系统好，还声称比特币是有意设计为价值存储手段而非交换媒介。Kraken交易所的商务总监Dan Held认为：

"'比特币最初是为支付而设计'论点的支持者总喜欢从白皮书和论坛中筛选有利论证。比特币的首要设计目标就是成为一种价值存储手段[2]。"

这种厚颜无耻的说法可以在社交媒体上获得点赞和加密货币评论员的赞赏，但它在事实面前站不住脚。历史记录清楚地表明，比特币是为日常支付而设计的。

---

1 Saifedean Ammous, The Bitcoin Standard, New Jersey: Wiley, 2018. Description inside back flap.
2 Dan Held (@danheld), Twitter, January 14, 2019, https://twitter.com/ danheld/ status/1084848063947071488

中本聪的话

我们有哪些证据表明比特币是专为支付系统而设计的呢？来看看中本聪的原话吧。除了比特币的创世白皮书外，我们还找到数百篇论坛帖子和五十多封中本聪的公开电子邮件。这些内容清晰地描绘了比特币技术的愿景。让我们先从2008年发布的白皮书开始，它首次介绍并定义了比特币。我建议大家能够在网上阅读整篇白皮书。它写得很好，许多关键概念即使没有技术知识也能理解。我们将分析前几节。现在让我们先从标题开始：

《比特币：一种点对点的电子现金系统》

如果中本聪的目的是将其作为"电子价值存储手段"，那他大可以这么命名比特币，但他却称其为电子现金系统。我们先来看下白皮书的标题：

"一种完全的点对点电子货币应当允许在线支付从一方直接发送到另一方，而不需要通过一个金融机构[3]。"

"在线支付"这几个字在白皮书的第一句就被提到了。接下来是介绍部分：

"电子商务已经变得几乎完全依赖金融机构作为可信任的第三方来处理电子支付。尽管对于大部分交易这种系统运行得足够好，但仍需忍受基于信任模型这个固有缺点。"

在介绍部分的前两句话中，中本聪提到了"电子商务"、"电子支付"和"交易"。他继续说道：

---

[3] Satoshi Nakamoto, "Bitcoin: A Peer-to-Peer Electronic Cash System", 2008, https://www.bitcoin.com/bitcoin.pdf

"完全不可逆转的交易是不现实的，因为金融机构无法避免调解纠纷。调解的成本增加了交易成本，限制了小额交易，并切断了日常小额交易的可能性，而且由于不支持不可撤销支付，对不可撤销服务进行支付将需要更大的成本。由于可能发生逆转，对信任的需求更加广泛……这些成本和支付不确定性可以在面对面通过使用实物货币交易时被避免，但没有任何机制可以在没有可信第三方的情况下通过通信渠道进行支付。"

换句话说，现有的在线支付方案由于依赖于对系统的固有信任而导致交易成本高昂。信用卡、PayPal等都依赖于具有昂贵纠纷解决机制的公司。这些成本使得"日常的小额交易"无法在互联网上实际。相比之下，线下现金支付却无需信任第三方，但在线上无法使用现金。于是，比特币应运而生：

"我们需要一种基于密码学证明而非信任的电子支付系统，允许任意双方直接进行交易，而无需可信的第三方。计算上不可逆转的交易将保护卖家免受欺诈的侵害，而常规的托管机制可以以更低的成本来保护买家。"

换句话说，比特币就像现金，因为交易双方可以直接交换，而无需通过中间人。在白皮书的前几段中，中本聪明确表示比特币是关于"商业"、"交易"、"支付"、"商家"、"买家"和"卖家"的。而整个白皮书中都没有提到"价值存储"。

即使根据中本聪的电子邮件和论坛帖子，也只能寥寥无几地推测出比特币作为价值存储的这一概念。加密货币公司OB1的联合创始人Sam Patterson写了一篇广受欢迎的文章，其中他将每次提及比特币作为支付系统与价值存储手段的言论进行了分类。

他总结道：

"在查阅了中本聪的所有著作后，我敢说比特币不是为了成为一种价值存储手段而设计的。它是为支付而设计的。中本聪提到支付的次数是价值存储的四倍多。

这些证据可能足以让你推翻"比特币是为了成为一种价值存储手段而设计的"论点。我很难相信有谁能看了中本聪的话后，还能真诚地相信他不是为了支付而设计的比特币[4]。"

不仅仅是白皮书明确表示比特币是用于支付的。中本聪在论坛中也明确表明：

"比特币比现有的支付方式更适合小额交易，包括小到可能会让你咋舌的微支付。[5]"

微支付

交易金额多小才能叫做"微支付"？对此并没有广泛的定义。我们在这本书中将其认定为是少于一美元的交易。中本聪选定的继任开发者Gavin Andresen分享了类似的想法：

"我仍然认为比特币网络不是解决低于一美分支付的正确方案。但我看不出为什么它不能继续很好地用于小额（1美元—0.01美元之间）支付。[6]"

4 Samuel Patterson, "Breakdown of all Satoshi's Writings Proves Bitcoin not Built Primarily as Store of Value", SamPatt, June 6, 2019, https:// sampatt.com/blog/2019/06/ breakdown-of-all-satoshi-writings-proves- bitcoin-not-built-primarily-as-store-of-value

5 Satoshi, "Re: Flood attack 0.00000001 BC", Bitcoin Forum, August 4, 2010, https:// bitcointalk.org/index.php?topic=287.msg7524#msg7524

6 Gavin Andresen, "Re: How a floating blocksize limit inevitably leads towards

比特币也曾适用于几美分到几美元的交易。但由于交易费用上升，目前通常无法发送这么小的交易，因为手续费往往比实际发送的交易额还要大。如果比特币地址没有足够的资金支付矿工费，那么它实际上就无法被使用。中本聪对微支付进行了详细说明：

> "虽然我认为比特币现在对较小的微支付来说不实用，但随着存储和带宽成本的持续下降，它最终会成为实用的微支付方式。如果比特币大规模流行起来，未来或许如此。另一个使其更实用的方法是如果我实现客户端模式，把网络节点数量合并到更少的专业服务器集群中。无论多少数额的微支付，都可以使用比特币。我认为在5到10年内，带宽和存储成本将显得微不足道[7]。"

这段话有两个有趣之处。首先，中本聪设想比特币最终可以用于"无论多少金额的微支付"，其次，他预测网络基础设施将合并为"专业服务器集群"，这在关于大区块的辩论中经常被提到。

> "一旦比特币普及开来，如果在某网站支付几美分变得跟像往自动售货机里投硬币一样简单，将会催生出更多应用[8]。"

中本聪希望比特币被用来"在网上轻松支付几美分"。然而，核心开发者Peter Todd却说：

> "我很乐意花20美元的转账费在世界任何地方汇款，而完全不受中央机构的控制。同样，我也很乐意在只是买一块巧克力的时

centralization", Bitcoin Forum, February 19, 2013, https:// bitcointalk.org/index. php?topic=144895.msg1539692#msg1539692

7 Satoshi, "Re: Flood attack 0.00000001 BC", Bitcoin Forum, August 5, 2010, https:// bitcointalk.org/index.php?topic=287.msg7687#msg7687

8 Satoshi Nakamoto, "Bitcoin v0.1 released", Metzdowd, January 16, 2009, https://www. metzdowd.com/pipermail/cryptography/2009- January/015014.html

候，接受更集中的转账方法[9]。"

中本聪和Todd的愿景是背道而驰的。他们对可接受的手续费存在三个数量级的分歧。20美元的费用摧毁了比特币除高额转账之外的所有用例。这是一种极端的数字黄金理念。中本聪确实曾直接将比特币与黄金进行比较。他在回应关于使用电力挖掘比特币是浪费这一质疑时说：

"这就好比黄金和开采黄金。黄金开采的边际成本往往接近黄金的价格。开采黄金也是一种浪费，但这种浪费远小于将黄金作为交换媒介的实用性。我认为比特币的情况也将相同。比特币所能实现的交易的实用性将远远超过所需电力的成本。因此，不去使用比特币才是真正的浪费[10]。"

黄金被用作类比，说明其作为交换媒介的实用性超过了其开采的成本。而这在日后变成了讽刺。有一个论坛帖子曾经分享了使用比特币在零食机上购物的经历，强调了比特币即时、小额支付的能力。由于即时支付并不完全安全，中本聪设想了一种支付处理器来承担少量的欺诈风险：

"我相信支付处理公司可以提供快速分发交易的服务，约在10秒或更短的时间内进行足够好的检查[11]。"

他是对的，事实证明，比特币支付处理器只需要几秒钟就能进行足够好的安全检查。

---

9 Peter Todd, "How a floating blocksize limit inevitably leads towards centralization", Bitcoin Forum, February 18, 2023, https://bitcointalk.org/ index.php?topic=144895.0

10 Satoshi, "Re: Bitcoin minting is thermodynamically perverse", Bitcoin Forum, August 7, 2010, https://bitcointalk.org/index.php?topic=721. msg8114#msg8114

11 Ilama, "Re: Bitcoin snack machine (fast transaction problem)", Bitcoin Forum, July 18, 2010, https://bitcointalk.org/index.php?topic=423. msg3836#msg3836

关于商业

论坛上随处可见关于在商业中使用比特币的讨论。中本聪和其他用户谈到了为在线商家创建界面[12]、为实体商家提供工具[13]、销售点交易[14]、客户对使用信用卡[15]感到不安的用例、在移动设备上保留少量比特币以用于零星开支等。毫无疑问，中本聪设计比特币是为了支付，即使是几美分的小额支付[16]。事实上，最初的0.1.0版本软件包含未完成的代码用于创建一个点对点交易市场，甚至还有虚拟扑克的基本框架。整个比特币行业是基于比特币是互联网快速、廉价、可靠的支付系统这一假设。作为全球最大的比特币支付处理商，BitPay也因不合理的高费用而备受困扰。2017年，首席执行官Stephen Pair在一次采访中表示：

"BitPay已经无法正常使用比特币区块链。我们有几个选择。第一，使用比特币的分叉；第二，请参照选择一。第三，请参照选择二。我们已经别无选择，只能这么做[17]。"

因此，BitPay是最早集成比特币现金的公司之一。Coinbase的首席执行官Brian Armstrong也分享了比特币作为世界数字现金的

12 Molybdenum, "CLI bitcoin generation", Bitcoin Forum, May 22,2010, https://bitcointalk.org/index.php?topic=145.msg1194#msg1194
13 Satoshi, "Re: The case for removing IP transactions", Bitcoin Forum, September 19, 2010, https://bitcointalk.org/index.php?topic=1048. msg13219#msg13219
14 Satoshi, "Re: URI-scheme for bitcoin", Bitcoin Forum, February 24, 2010, https://bitcointalk.org/index.php?topic=55.msg481#msg481
15 Satoshi, "Re: Porn", Bitcoin Forum, September 23, 2010, https:// bitcointalk.org/index.php?topic=671.msg13844#msg13844
16 Satoshi, "Re: Bitcoin mobile", Bitcoin Forum, June 26, 2010, https:// bitcointalk.org/index.php?topic=177.msg1814#msg1814
17 Stephen Pair, Consensus 2017, https://s3.amazonaws.com/media. coindesk.com/live-stream/Day1_Salons34.html

愿景，并在2017年的一次采访中解释了为什么BTC未能扩展"让他心碎"。

"我对比特币和数字货币充满热情的原因是我希望世界有一个开放的金融系统……所有支付都快速、廉价、即时和全球化……但比特币最终没有扩展成那样[18]。"

他继续解释说，其他项目如比特币现金更有可能实现这一目标：

"我认为哪怕是在VISA的支付规模下，比特币网络依旧可以正常运作，且其成本可能比VISA今天收取的费用低两到三个数量级。每笔支付的费用可能只有一美分或更少。但我认为像比特币现金或以太坊等其他网络都在努力实现这一目标。因此，这一愿景终会实现；但看到原始比特币没有达到这一目标有点令人沮丧。"

很多Armstrong这样的早期比特币企业家和普通用户都抱有这种想法。我记得在线社区经常将比特币与西联汇款进行比较，以突出其作为支付系统的优越性。最受欢迎的早期网络图片（如下图）将西联汇款的广告与比特币的广告进行对比。西联汇款广告上写着："今天发送温暖的祝福。只需5美元，您就可以在美国境内汇款50美元。一切只会更好的转账。"而比特币广告上写着："全天候随时发送温暖的祝福。只需0.01美元，您就可以汇款至任何地方，金额不限。给你更好的转账体验。"

Bitcoin.org网站也宣传了使用比特币进行日常交易的优势。在2010年的网站存档中曾提到："比特币交易几乎免费，而信用卡

---

18 This Week in Startups, "E779: Brian Armstrong Coinbase & Tim Draper: crypto matures, ICO v VC, fiat end, bitcoin resiliency", Youtube, November 17, 2017, https://youtu.be/AIC62BkY4Co?t=2168

和在线支付系统通常每笔交易会收取1%-5%的手续费，再加上其他商户收费甚至可高达数百美元[19]。"甚至到2015年，该网站的宣传语仍然包括"零或低支付手续费"和"即时点对点交易"[20]。

图1：早起西联汇款与比特币的广告对比

那些声称比特币并非为日常支付而发明的人无异于在公然改写历史。任何在2014年之前参与其中且诚实的人都会证明，比特币的最初设计是打造一个低成本的数字现金系统。认为比特币应该是昂贵的、排他的一种价值存储手段的人只是极少数。

---

19 "Bitcoin P2P Cryptocurrency", Bitcoin, January 31, 2009, https:// web.archive.org/web/20100722094110/http://www.bitcoin.org:80/

20 "Bitcoin is an innovative payment network and a new kind of money.", Bitcoin, March 23, 2013, https://web.archive.org/web/20150701074039/ https://bitcoin.org/en/

第四章

价值存储vs.交易媒介

"比特币的真正优势在于它可以长期作为可靠的价值存储……而不是去进行普遍或小额的交易。[1]"——Saifedean Ammous，《比特币标准》

令人惊讶的是，许多人不加批判地接受了比特币作为价值存储而非数字现金的观点。而与之相反的观点反而可能是可行的：如果比特币能够在长期内证明自己是一种优越的货币，市场可能会接受它作为价值存储手段。但在此之前，需要多年的实用性和稳定性验证。考虑到价格的剧烈波动，称任何现有的加密货币为"长期可靠的价值存储手段"是为时过早的。BTC在过去十年中价格大幅上涨并不能意味着它是价值存储手段。

不要碰它

Saifedean Ammous提出了一种最极端的"数字黄金最大化"的观点。他甚至预测在未来普通人无需接触区块链，链上交易仅用

---

1 Ammous, The Bitcoin Standard, p.212

于高价值转账。在《比特币标准》一书中，他写道：

"比特币可以被视为用于线上交易的新兴储备货币，银行的线上等价物将发行以比特币背书的代币，同时冷存储比特币……[2]"

在一次线上讨论中，他写道：

"比特币链上支付不适用于商家，而是为中央银行准备的。你可以在比特币之上构建能在全球范围内使用的支付网络，且仅在链上结算。BTC就像金本位下的中央银行黄金。[3]"

这种观点在著名的比特币评论员Tuur Demeester那里得到了认可：

"等到完全成熟时，使用比特币区块链将像租用油轮一样稀有和专业化。[4]"

这些想法的传播程度就仿佛它们自始至终就是主导愿景。但与最初的设计相比，它们是激进且不必要的。我爱上的不是这种版本的比特币，其他早期参与的企业家也是如此。事实上，比特币的核心优势恰恰在于区块链对所有人开放，而不是仅限于银行家。像其他许多自信谈论比特币的公众人物一样，Ammous和Demeester仅仅假设额外层将无障碍地解决BTC的可用性问题。然而，当你真正观察二层技术时，其可行性是不确定的，尤其是在基础层无法扩展的情况下。这些问题通常未被BTC爱好者认识到，他们反而相信工程师将在未来解决所有问题，尽管他们迄今为止的记录不佳。

---

2 Ammous, The Bitcoin Standard, p. 206

3 Saifedean Ammous (@saifedean), Twitter, https://twitter.com/saifedean/status/9392176589978542

4 Tuur Demeester (@TuurDemeester), Twitter, May 29, 2019, https:// twitter.com/TuurDemeester/status/1133735055115866112

此外，发行"基于比特币的代币"意味着通货膨胀将继续困扰银行家以外的人。历史证明，货币不可避免地会随着时间的推移失去其储备金，如果人们被迫交易只能比特币的预期而不是实际的比特币，假以时日通胀将远超实际的比特币供应量。第二层网络只会使这种通货膨胀更容易进行。

叙事转变

比特币的叙事从数字现金转向价值存储经历了好几年。即使到了2016年，大多数持有者仍在推广比特币为一种货币。他们喜欢称之为"魔法互联网货币"，因此每当有新公司宣布接受比特币支付时，社区都会感到兴奋。每多一个新商家接受比特币，比特币就会获得更多的可信度和实用性。但在2017年末，手续费开始飙升，最有影响力的BTC支持者不承认比特币存在问题，而巧妙地开始改变叙事：如果比特币仅仅是价值存储，那么高费用就变得无关紧要。近年来，用户甚至被鼓励不要在商业中使用比特币，而是购买后就持有。这种"购买、持有和从不使用"的叙事相当于在人为地制造稀缺性，这无疑是一种推高价格的好方法。如果足够多的人相信通过购买和持有有限供应的资产能致富，那么就能实现极端的价格上涨。

在我看来，加密货币成为真正的价值存储手段的唯一希望是具备现实世界的实用性。加密货币必须比传统的金融系统更有用，而高交易费用损害了任何货币的实用性。如果BTC是唯一可用的加密货币，那么也许它仍然可以作为价值存储手段而发挥作用，但由于市场有更优选择，又慢又贵且不具扩展性的加密货币似乎不太可能被选为可靠的长期价值存储。例如，比特币现金几乎具备比特币核心的所有属性，你可以将其用作数字现金。长远来看，市场最终会意识到在BTC上支付极高的费用是没有正当理由的，因为相同的产品只需要一小部分的成本。

价值存储的经济学

要认清"仅仅作为价值存储"想法的问题，我们需要深入研究经济学。我很幸运在年轻时就接触了奥地利经济学派。像路德维希·冯·米塞斯（Ludwig von Mises）和默里·罗斯巴德（Murray Rothbard）这样的伟大思想家帮助我通过经济学视角理解世界。我读过他们关于货币的思想，因此我很久之前就预言比特币会变得流行。我看到了比特币具备高质量货币的属性，这意味着我应该立即买入。

比特币作为价值存储的潜力是一个有趣的经济谜题。价值本身是一个困扰经济学家几个世纪的有趣谜题。首先，为什么任何东西都有价值？奥地利经济学派的一个见解是价值是主观的。这一观点后来被纳入主流经济学。价值不在于物质商品本身，而在于人类的头脑。事物本身不具备价值。我们赋予它们价值是因为我们相信它们可以用来满足我们的愿望。

"价值存储手段"并不能真的"存储"价值，不是真的存在一个可以放置价值以便日后取出的实体盒子。相反，如果某物是价值存储手段，这仅意味着它在人类中有一致的价值记录。由于其成功的历史记录，人们有充分的理由相信它在未来会继续被重视。因此，它随着时间的推移保留了其购买力。许多东西都被用来保值。

例如，牛长时间以来都是价值存储手段。

人们有充分的理由相信牛可以用来满足他们的需求。你可以挤奶、食用、用它们干农活，还有许多其他用途。因为这种有用性，如果你想把牛卖掉，大概率能找到买家。房地产是另一种长期以来备受欢迎的价值存储手段。人们有充分的理由相信拥有土地会对他们有益。他们可以在土地上居住，种地、开发或租赁等。千年之后，人们可能仍然会重视牛和房地产。最受欢迎的价值存储手段是货币。

货币作为一种经济现象比牛或房地产要更复杂。为了理解它，我们必须掌握另一个概念：直接交换和间接交换的区别。让我们来假设有一个养鸡的农民，他住在一个生产衬衫的裁缝旁边。农民想要一件衬衫，而裁缝想要几只鸡，他们就可以进行最简单的交换，这就是"直接交换"或"以物易物"，即农民直接用他的鸡换裁缝的衬衫。以物易物笨拙且低效，因为它要求双方必须都想要对方所交易的物品。如果农民想要的不是衬衫而是鞋子，交换就无法进行。

与以物易物相比，"间接交换"是指交易的商品不是最终所需的商品。比如农民可能会用鸡换取汽油，不是因为他想要汽油，而是因为他可以用汽油换裁缝的衬衫。在这种情况下，我们会称汽油为"交换媒介"，即农民与他最终想要的商品之间的中间步骤。

交换媒介是了不起的发明。它实现了大量的人可以进行贸易和合作，而无需相互认识、讲同一种语言或有相同的偏好。经济市场中最受欢迎的交换媒介是货币，它实质上允许任何产品与任何其他产品进行交换。一个农民可以先把他的鸡卖成钱，然后买拖拉机。

货币使得计划、储蓄和投资更加容易。农民可以在夏天卖掉他的鸡换成钱，并计划在冬天使用这些钱。或者他可以将这些钱投资于能带来回报的项目。没有货币，投资就难以协调，农民需要找到直接接受鸡作为投资的项目。使用货币代替，他可以把鸡卖掉换成欧元，然后将这些欧元投资于其他项目。的确，货币是一项伟大的发明，使我们都变得更加富有。

货币也是极好的价值存储手段。奥地利经济学派提供了最好的解释。根据路德维希·冯·米塞斯的观点：

"货币能跨越时间和空间传递价值，正是因为它作为交换媒介的功能。[5]"

默里·罗斯巴德也得出了相同的结论：

"许多教科书上说货币有几种功能：交换媒介、记账单位或'价值衡量标准'、'价值存储手段'等等。但很明显，所有这些功能都只是一个伟大功能的附属品：交换媒介。[6]"

换句话说，正是因为货币是常用的交换媒介才能存储价值。因此，比特币如果是货币，那么声称它可以在不是交换媒介的情况下储存价值就是本末倒置。

我们可以把"储存价值"视为一种预测。你在试图猜测哪些商品将在未来被重视。如果某物对人们有用，例如房地产，它更有可能被重视。如果某物已经被用作交换媒介，例如纸币，这表明它在未来会继续被重视。这并不是保证，因为纸币有时会因中央银行增

---

5 Ludwig von Mises, The Theory of Money and Credit, Germany: Duncker & Humblot, 1912
6 Murray N. Rothbard, What Has Government Done to Our Money?,Alabama: Mises Institute, 2010

加货币供应量而贬值，但这仍然是一个强力的指标。

如果人们对某物在未来作为交换媒介的信心不足，他们就不太可能将其作为价值存储手段。现在让我们假设你住在一个贝壳被用作交换媒介的小岛上。有一天，你在收音机上听到一项突破性的研究显示贝壳有毒，可能导致癌症。你预期接受贝壳作为交换媒介的人会变少，这意味着它们作为价值存储手段的功能会变差。即使研究是错误的，贝壳并不致癌，公众对其可能致癌的恐惧也足以将其从一种有效的货币变成毫无价值的东西。2017年和2021年，比特币核心网络发生故障，以及随后企业取消其支付选项的情况，使人们怀疑比特币能否作为交换媒介，从而降低了它未来成为真正的价值存储手段的可能性。

货币与价值

虽然所有的货币都能存储价值，但并不是所有的价值存储手段都是货币。牲畜和房地产常被认为是价值存储手段，但它们并不是货币，而是有其他非货币用途。这就引出了一个关键问题：比特币是像货币一样被用作交换媒介而具有的存储价值，还是像牲畜和房地产一样，因为其非货币用途而具有的存储价值？2010年时有用户在论坛辩论比特币将如何获得价值以及为什么能获得价值。中本聪在论坛上解释说：

"让我们来做一场思想实验。假设有一种基本金属，其稀有程度与黄金相当，但具有以下特性：

• 颜色沉闷的灰色

- 不是良好的导电体

- 不特别坚固，也不具延展性或易于加工

- 无法用于任何实际或装饰用途

但有一种特殊的、神奇的属性：

- 可以通过通信渠道传输

如果它因某种原因获得了任何价值，那么任何想要远途转移财富的人都可以购买这一金属，转移或者卖掉它。

"也许它可以通过人们预见到其在交换中的潜在有用性来获得初始价值。（我肯定会想要一些）也许收藏家，任何随机的原因都可能赋予它价值。[7]"

我认为传统的货币标准是基于世界上有如此多稀有的物品，具有内在价值的物品一定会胜过那些没有内在价值的物品。但如果世界上没有任何具有内在价值的东西可以用作货币，只有稀缺但没有内在价值的东西，我认为人们仍然会采用某种东西。

中本聪的这段话很有道理。首先，中本聪使用"内在价值"这个术语来说明非货币使用价值。例如，黄金和白银是很好的交换媒介，同时也可以用于工业。烟草和盐在历史上也被用于交换媒介，可以直接消费。比特币确实有一些非货币价值，这将在稍后解释，但中本聪的思想实验表明，即使比特币没有任何非货币用途，仅仅因为它稀缺并且可以通过通信渠道传输（即交易成本极低），就足以赋予它价值，因为它具有"交换的潜在有用性"。换句话说，中

---

7 Satoshi, "Re: Bitcoin does NOT violate Mises' Regression Theorem", Bitcoin Forum, August 27, 2010, https://bitcointalk.org/index. php?topic=583.msg11405#msg11405

本聪认为比特币可能通过人们认识到它可以成为一个好的交换媒介来获取价值。这使得比特币成为一个相当独特的发明。它是一个专为支付系统而设计的货币，其货币属性优于任何现有的货币。

其他用途

乍一看，比特币似乎只能用于转账，但它确实还有其他用途。比特币区块链是一个网络公共账本。它是由去中心化的计算机网络来维护，由比特币交易构成了该账本上的记录。这种功能可以用于多种非货币用途。例如，虽然区块链存储数据的成本显著地高于其他方法，但它可以用来存储有价值的数据。一些新的社交媒体公司利用这个功能在区块链上创建不可审查的平台。其他应用包括资产登记、新的投票系统或用于提高线上身份认证的安全性。相对于比特币作为一个通用的支付系统，这些功能虽然显得次要，但却真实有用。

如果一个人认为比特币具备"价值存储"资格是因为其非货币属性，那就好比认为美元能作为价值存储是因为可以用它作点火或厕纸。跟美元作为一种安全、国际化、无摩擦的交换媒介的相比，那些用途微不足道。中本聪理解比特币的可传输性是赋予其价值的核心特性。然而，比特币核心开发者有意破坏这一特性，导致BTC与其他加密货币相比几乎没有独特的价值主张。其他加密货币不仅费用低廉，还具有更优越的非货币功能。

鉴于价值的主观性质，市场可能会选择BTC作为价值存储手段。但也有可能选择臭旧的运动袜作为价值存储。虽然有这种可能，但人们不太会这么做。更合理的想法是，最有可能成为价值存储手段的加密货币需要最大化其所有正面属性并最小化其负面属性。笨拙且昂贵的交易并不是任何价值存储手段或交换媒介的理想特性。2020年1月，著名的互联网企业家、MegaUpload的创始人Kim Dotcom在一次对话中表达了类似的看法：

"成功的加密货币需要提供快速且廉价的交易，这是必要的条件。成功的价值存储手段，必须要能作为电子现金。"

Kim还指出，绝大多数人仍然没有使用加密货币的经验。加密货币需要保持低手续费和高可靠性才能被他们接受。

"大多数人对当前正在进行的加密战争或加密社区内的有毒言论一概不知。他们会选择那些费用最低、交易最快、最可靠的货币，不幸的是，这不会是比特币[核心]。[8]"

现在让我们想象一下：有一种加密货币具有BTC的所有属性，还能为全世界提供即时且几乎免费的交易，并且是专为21世纪设计的交换媒介。这种货币的实用性将比没有这种功能的货币大几个数量级。这就是比特币的最初计划，也是比特币现金和其他加密货币依然在坚持的愿景。

---

8 Tone Vays, "On The Record w/ Willy Woo & Kim Dotcom - Can't All 'Bitcoiner's' Just Get Along?", Youtube, January 16, 2020, https://www.youtube.com/watch?v=mvcZNSwQlRU

第五章

区块大小限制

"如果你在2011年告诉我，等到了2017年比特币还没有增加区块大小，我会说："这绝不可能。[1]"——BitPay的首席执行官Stephen Pair

比特币核心开发者借助一个技术参数把比特币变成一个不同的项目：区块大小限制。区块大小限制是网络能承受的最大的区块容量。比特币交易会被打包成区块，这意味着交易越多，区块就越大。这使得区块大小限制实际上成为比特币的最大吞吐量限制。比特币核心开发者使用一个极小的区块大小限制来人为地锁死网络容量，而其潜力绝不止如此。

区块大小限制本不应该是一个重要的参数，限制也不是为了达到极限。它本应远高于平均区块的大小。除非在极端情况下，区块是永远不会满的。

---

1 Stephen Pair, Bitcoin.com podcast", Reddit, April 5, 2017, https:// www.reddit.com/r/btc/ comments/63m2cp/if_you_told_me_in_2011_that_we_would_be_sitting/

需要更多空间

区块满了意味着有更多的交易等待处理，但无法全部进入一个区块，这会立即导致费用飙升和交易积压。目前，一个BTC区块可以容纳2000-3000笔交易，并且每十分钟生成一个区块。如果在十分钟内有18000人尝试进行一次交易，那么网络必须至少需要六个区块来处理所有交易。如果在这段时间内没有其他人发送交易，也需要一个小时来处理队列中的每笔交易。如果有150000人同时尝试使用比特币，则需要至少50个区块来处理所有的交易，这意味着超过八小时的等待时间。

延迟处理不是网络拥堵造成的唯一问题。当区块变满时，费用开始上涨。更高的费用并不能保证你的交易会被快速处理，只是允许你排在其他交易前。由于每个区块最多只能处理3000笔交易，因此交易形成了前后列队。提高费用能增加矿工在下一个区块中打包你的交易的机会，但如果其他人支付了更高的费用，你的交易又会被排到后面。这使得费用呈指数上升，导致用户体验变差。一旦区块变满，手续费可以从几美分涨到一美元，然后是五美元、十美元、二十美元、五十美元，甚至更多，如果发送交易的人足够多。在2017年和2021年的费用飙升期间，一些复杂的交易手续费竟超1000美元，我发送的多笔交易都支付了如此高额的费用。区块链浏览器表明手续费在900美元到1100美元之间的交易有近35000笔[2]。

比特币常被比作电子邮件，因为它能够通过互联网即时连接用

---

2 "Bitcoin transactions", Blockchair, August 18, 2023, https://blockchair. com/bitcoin/ transactions?s=fee_usd(desc)&q=fee_usd(900..1100)#

户。假设电子邮件无法同时处理15万在线用户，并且发送和接收消息需要八小时。这肯定会被认为是一个糟糕的设计缺陷。然而，在比特币网络故障的高峰期，交易可能会卡上几天甚至一周。这就是为什么区块大小限制本应该远远高于交易需求，应该作为一种不影响系统功能的远程技术限制。比特币应该随着使用量的增加而扩展，要么增加区块上限，要么完全取消。

区块大小限制的原因

中本聪离开比特币后，许多热情且才华横溢的开发者投入到开发工作，包括卓越的Gavin Andresen和Mike Hearn。Andresen被中本聪选为他的继任者和比特币的首席开发者。他也是大区块支持者。多年来，Andresen在博客上[3]撰写了关于比特币和扩展、开发者文化、经济学等主题[4]的文章，影响深远。他温文尔雅，也可以说他有些过于温和了。而Hearn则更为激进，他对小区块支持者更加直言不讳，指责他们干扰了项目开发。Mike Hearn此前在谷歌工作，其工作经验与扩容相关。在谷歌期间，他担任了三年的谷歌地图容量规划师——这是世界上最受欢迎的网站之一。因此，他对网络容量问题非常熟悉。同中本聪和Andresen一样，Hearn也是大区块支持者，他认为比特币没有任何固有的扩展限制。通过博客文章、电子邮件、论坛对话和公开采访等，Andresen和Hearn比其他任何人都更好地阐述了比特币的初衷。他们的评论是必读内容。我会在本书中多次引用他们。

3 Gavin Andresen, GAVIN ANDRESEN, August 18, 2023, http:// gavinandresen.ninja/
4 Gavin Andresen, GavinTech, August 18, 2023, https://gavintech. blogspot.com/

比特币在最初是没有明确的区块大小限制的。但这在2010年发生了变化。当时中本聪为了防止比特币在初期遭受潜在的拒绝服务攻击而添加了区块大小限制。

Gavin Andresen在他的博客中解释道：

"……添加这些限制是为了防止'有毒区块'网络拒绝服务攻击（DoS）。如果攻击者花费的成本很低，我们就必须担心拒绝服务攻击……今天这种攻击的成本更高……"

2010年7月15日，约有一万一千个比特币以每个三美分的均价交易。当时的区块奖励是50BTC，所以矿工卖掉一个区块的币大约有1.50美元的收益。

这表明攻击者想要生产'有毒区块'来扰乱网络只需要一两美元的成本。许多人愿意花一两美元'找乐子'——他们喜欢制造麻烦，并愿意花大量时间来制造麻烦，反正代价很小。[5]"

最初的限制设定为1MB，理论上每秒能发送七笔交易。但实际上，每秒只能允许三到四笔交易，因为每个区块约对应着2000到3000笔链上交易——这已经远远高于当时网络的实际使用量了。当时的计划是未来交易量增多只需要提高或者取消限制即可。Andresen在论坛上指出：

"一开始的扩容计划就是支持大区块。1MB的硬性限制只是用来预防"拒绝服务攻击"的临时措施。[6]"

---

5 Gavin Andresen, "One-dollar lulz", GAVIN ANDRESEN, March 3, 2016, http://gavinandresen.ninja/One-Dollar-Lulz

6 Gavin Andresen, "Re: Please do not change MAX_BLOCK_ SIZE", Bitcoin Forum, June 03, 2013, https://bitcointalk.org/index. php?topic=221111.msg2359724#msg2359724

另一位比特币先驱Ray Dillinger也说过同样的话:

"我曾经审查了中本聪第一版的比特币代码。中本聪的代码中没有1MB的限制。这个限制最初是Hal Finney的想法。中本聪和我都反对1MB的限制,因为它无法扩展。Hal则担心潜在的DoS攻击,最后经过讨论,中本聪同意了……但我们三人都同意1MB只能是临时的,因为这会阻碍比特币的扩展。[7]"

中本聪、Hal和Ray一致意见。有意思的是,Hal Finney通常被视为小区块的支持者。实际上,他也认为1MB的限制只是临时的。然而,直到今天,比特币核心开发者仍然拒绝在2010年设定的初始水平上增加区块大小限制,哪怕我们在软件、硬件和网络技术方面已经取得了巨大的进步。几乎所有业内的大公司都曾多次尝试增加限制,但都被核心开发者拒绝了,他们甚至在同意增加限制后公然反悔。他们将区块大小的度量标准改为"区块权重",并声称新的限制是4MB,但这不过是他们耍的花招,吞吐能力并没有真的提高了四倍。

被颠倒的设计

核心开发者拒绝增加限制的原因是他们想改变比特币的设计。他们希望区块越满越好,交易费越多越好。核心开发者Jorge Timón表示,"我认为达到限制不是坏事,这对比特币费用[8]这种年

---

7 Cryddit, "Re: Permanently keeping the 1MB (anti-spam) restriction is a great idea ...", Bitcoin Forum, February 07, 2015, https://bitcointalk.org/ index.php?topic=946236. msg10388435#msg10388435

8 Jorge Timón, "Răspuns: Personal opinion on the fee market from a worried local trader", Bitcoin-dev Mailing List, July 31, 2015, https://lists. linuxfoundation.org/pipermail/ bitcoin-dev/2015-July/009804.html

轻且不成熟的市场是好事。"Greg Maxwell则直言不讳地说，"区块变满不是问题……这是系统的自然状态。[9]"

只要回顾比特币社区的早期观点，就能明白这些开发者的言论是多么激进。过去Visa网络常被用作比特币交易吞吐量的比较对象。早在2009年，中本聪被问及比特币的扩展能力时说：

> "现有的Visa信用卡每天要处理约1500万笔来自世界各地的线上交易。比特币可以用现有的硬件以更低的成本扩展到更大的规模。实际上，比特币并不存在扩容上限。[10]"

这曾是多年来的普遍共识。尽管今天我们称其为"中本聪愿景"的一部分，但在那时几乎是每个人的愿景。假如你在2013年研究比特币，你可能会读到其Wiki页面关于"可扩展性"部分是这么写的：

> "假设网络中的节点主要运行在高端服务器而非台式机上，核心比特币网络可以扩展到更高的交易率。比特币的设计是支持只处理少量链上交易的轻量级客户端。。。
>
> 如果绝大多数用户将轻量级客户端同步到一些更强大的骨干节点，可以把比特币扩展到支撑数百万用户每秒发送数万笔交易。。。
>
> 今天，比特币网络因为一些人为限制每秒只能发送7笔交易。而这些限制是为了避免在网络和社区没准备好的时候，区块就被填满了。一旦这些限制被解除，最大交易速率将显著上升。。。在非常

9 User <gmaxwell>, bitcoin-wizards chat log, January 16, 2016, http:// gnusha.org/bitcoin-wizards/2016-01-16.log

10 Bitcoincash, "Satoshi Reply to Mike Hearn", Nakamoto Studies Institute, April 12, 2009, https://nakamotostudies.org/emails/satoshi- reply-to-mike-hearn/

高的交易速率下，每个区块大小可以超过半个GB(千兆字节)。[11]"

这曾是社区共识。人人都理解系统设计是支持通过大区块来扩展的，这甚至不是一个有争议的话题。Andresen表示，比特币的可扩展性是吸引他加入项目的原因之一：

"我第一次听说比特币时，它还很个新生事物，我能找到并阅读所有关于它的内容，包括所有邮箱列表中提到的帖子。比特币可以扩展到与Visa相提并论是吸引我加入比特币的部分原因。[12]"

在2013年，Visa平均每秒处理约2000笔交易。要在比特币网络上达到每秒2000笔交易，区块大小需要约500MB，这完全是可行的。如今手机可以轻松录制和上传几GB的高清视频——这远超一个包含一百万笔交易的比特币区块的大小。比特币要实现2000tps的水平不仅仅是增加区块大小那么简单，但也根本没有原因阻止这种情况发生。事实上，比特币现金多次挖出了32MB的区块，而比特币现金的分叉币BSV甚至挖出了一个2GB的区块。这也没导致网络崩溃。对于区块大小问题，中本聪有一个最终答案：

"我们希望尽可能在长时间内保持小规模的区块链文件。最终的扩容方案将不在乎它有多大。[13]"

11 "Scalability", Bitcoin, September 11, 2011, https://web.archive.org/ web/20130814044948/ https://en.bitcoin.it/wiki/Scalability
12 Gavin Andresen, "Re: Bitcoin 20MB Fork", Bitcoin Forum, January 31, 2015, https:// bitcointalk.org/index.php?topic=941331. msg10315826#msg10315826
13 Satoshi, "Re: Flood attack 0.00000001 BC", Bitcoin Forum, August 11, 2010, https:// bitcointalk.org/index.php?topic=287.msg8810#msg8810

高费用和慢交易

比特币核心开发者为什么希望保持高费用？对于早期的比特币爱好者，甚至是普通用户，这显然是个坏主意。实际上，高费用是小区块理念的必然结果。要理解为什么，我们需要更深入地分析比特币系统。我们在第二章解释过，矿工有两种收入来源：交易费用和区块奖励。区块奖励会随着时间减少，最终唯一的收入将依赖交易费用。由于比特币核心开发者希望保持小区块，矿工在他们的系统中唯一的收入就是极高的交易费用。比特币不能在没有矿工激励的情况下运行，如果每个区块只能处理3000笔交易，费用需要达到每笔交易数百或数千美元才能维持系统的安全性。核心开发者Jorge Timón曾公开谈论过这个问题：

"从长远来看，比特币需要一个充满竞争力的费用市场来维持工作量证明以应对补贴消失。我很高兴现在有了。[14]"

另一位核心开发者Pieter Wuille说：

"我个人认为，我们作为一个社区，确实应该让费用市场发展起来，而且越早越好。[15]"

他们把高费用交易的积压委婉地称为"费用市场"，鼓励用户相互竞价以争夺区块内的有限空间。这种安全模型不合常理且不必要，核心开发者却鼓励高费用和交易积压。Greg Maxwell声称：

"费用压力是系统设计的一部分。我们认为这是系统长期存活

---

14 jtimon, Reddit, December 13, 2016, https://www.reddit.com/r/ Bitcoin/comments/5i3d87/til_4_years_ago_matt_carollo_tried_to_solve/ db5d96z/
15 Pieter Wuille, "Bitcoin Core and hard forks", Bitcoin-dev mailing list, July 22, 2015, https://lists.linuxfoundation.org/pipermail/bitcoin- dev/2015-July/009515.html

所必需的。这很好。[16]"

2017年12月，比特币的交易费用飙升至25美元。对此，Maxwell留下了一段臭名昭著的评论：

"就个人而言，我对此感到庆幸，活跃的市场行为产生的费用足以维持网络安全，这样我们就无需通货膨胀。此外，费用竞价在矿工补贴减少时还能稳定网络共识。[17]"

中本聪可不是这样设计的比特币。矿工理应通过处理大区块内的大量低费用交易来弥补成本。中本聪曾在论坛上被问及矿工的长期收入模型，对此他解释道：

"几十年后，当奖励变得太小时，交易费用将成为矿工的主要收入。我确信在20年内，交易量要么会变得特别大，要么没有。[18]"

请注意，他并没有说"在20年后，交易量要么变得特别大，要么只有手续费极高的少量交易。"这听起来是不符合常识的。他预测的是要么交易量很大，要么根本没有交易量（即比特币失败）。

新的比特币

通过人为地限制区块大小，比特币核心开发者找到了彻底改变

16 User <gmaxwell>, "bitcoin-wizards" chat log, Gnusha, January 16, 2016, http://gnusha. org/bitcoin-wizards/2016-01-16.log

17 Gregory Maxwell, "Total fees have almost crossed the block reward", Bitcoin-dev mailing list, December 21, 2017, https://lists.linuxfoundation. org/pipermail/bitcoin-dev/2017-December/015455.html

18 Satoshi, "Re: What's with this odd generation?", Bitcoin Forum, February 14, 2010, https://bitcointalk.org/index.php?topic=48. msg329#msg329

系统动态的方法。用户体验从"即时且免费的交易"变成了"昂贵且不可靠的交易"，基本的经济模型也被彻底改变。他们把BTC的未来押注于用户愿意为链上交易支付数百或数千美元的费用，哪怕有更优越的替代方案。否则，矿工将不得不因为无法盈利而关闭大部分设备。

我们可以毫不夸张的说BTC被劫持了，比特币的原始设计被替换为投机性的设计。这就是为什么以太坊的联合创始人Vitalik Buterin公开表示：

"我认为BCH是比特币名称的合法竞争者。我认为比特币未能提高区块大小以保持合理费用是对'原计划'的大规模（非共识）改变，其重要程度无异于一次硬分叉。[19]"

比特币核心团队未能增加区块大小不仅仅是学术问题。它对那些基于比特币构建或接受比特币支付的企业产生了现实的影响。2017年，在费用飙升后，比特币行业首次经历了"反采用"情绪。流行的游戏平台Steam宣布不再接受比特币支付，他们公开表示[20]：

"从今天起，Steam将不再支持比特币支付。比特币的手续费太高且价值波动巨大。。。今年[比特币网络]向客户收取的交易费用飙升，上周每笔交易费用近20美元（我们最初采用比特币时大约是0.20美元）。

在Steam上结账时，客户要转移一定量的比特币用于支付游戏

---

19 Vitalik Buterin (@VitalikButerin), Twitter, November 14, 2017, https://twitter.com/VitalikButerin/status/930276246671450112
20 "Steam is no longer supporting Bitcoin", Steam, December 6, 2017, https://steamcommunity.com/games/593110/announcements/ detail/1464096684955433613

费用，又需要一定量的比特币用于支付网络费用。比特币的价值只能维持一段时间，如果交易在这个时间窗口内未完成，那么支付交易所需的比特币数量可能会发生变化。这种变化最近越来越大，以至于差异显著。

通常的解决方案是退还原始支付给用户，或者要求用户转移额外的资金以弥补余额。这两种情况都需要用户再次支付比特币网络的交易费用。今年，我们看到越来越多的客户经历这一问题。目前的交易费用如此之高，退还或要求客户转移余额（这本身也存在支付金额不足的风险，具体取决于转账时币价的变化）是不可行的。

因此，我们无法再支持比特币作为支付选项。我们可能会在以后重新评估比特币对我们和Steam社区的意义。"

我们无法责怪Steam。当区块变满时，使用比特币支付可能会带来糟糕的用户体验。寻求退款的客户必定会亏钱。如果他们退还一个30美元的游戏，而每笔交易费用为10美元，用户最终可能会亏损20美元，甚至什么都不剩下。如果有人想破坏比特币，让区块变满将是最佳方式。要是高费用和交易确认延迟是技术故障，这对比特币会更好。因为毕竟比特币是一种新技术，出现故障可以被视为一次意外。但是相反，用户被告知高费用是正常的，比特币不应该被用于日常交易，区块链也无法扩展。

BTC支持者对质疑声有一套标准说辞。如果他们没意识到高费用是比特币被重新设计的结果，他们通常会说，"费用问题没那么严重。看，现在费用很低！"但这毫无说服力。手续费可能在某一时刻很低，那仅仅是因为网络流量少。只要用户变多，就会很快出现拥堵，费用将再次飙升。这就仿佛是交通拥堵。只是因为凌晨

3点的道路上空无一人，并不意味着洛杉矶不存在交通问题。如果BTC区块不满，费用将很低，但如果区块已满且交易量增加，费用必然会飙升至极端水平。

那么第二层呢？

有一种扩容理念是二层网络。如果大多数交易是在链下进行的，那么二层上的费用或许可以保持较低水平。虽然构建多层网络是一个解决方案，但要想不出故障，基础层必须具有可扩展性。如果基础层每秒只能处理七笔交易，那远远不足以在其基础上构建多层网络。只要第二层需要与基础层交互，那么高费用就是一个根本性的问题。例如，使用闪电网络需要偶尔进行链上交易，那么由谁来支付这些费用呢？目前，许多流行的钱包会为用户补贴这些费用，但如果每笔交易的手续费50美元以上成为了常态，这种补贴模式将不可持续。

Elon Musk似乎能理解为加密货币扩展基础层的价值。在一条关于网络设计的推特中，他以工程师的身份分享了见解：

"BTC和ETH正在试图构建多层交易系统，但基础层交易速度慢且交易成本高。最大化基础层交易速率和最小化交易成本是有重要意义的。区块大小和频率应该匹配广泛可用的带宽来实现稳步提高。[21]"

如果Musk也是早期采用者，他或许会同意中本聪、Andresen、Hearn和包括我在内的大多数早期比特币企业家的观

---

21 Elon Musk (@elonmusk) Twitter, July 10, 2021, https://twitter.com/ elonmusk/ status/1413649482449883136

点。廉价的链上交易是无可替代的。

区块大小限制最终导致了比特币分裂。在区块变满之前，BTC在加密货币行业中享有大约95%的市场份额。一旦区块开始变满，比特币的市场份额迅速下降。在2018年1月网络故障的高峰期，比特币的市场份额下降到32%，许多用户、企业和开发者完全放弃了BTC。截至2023年3月，BTC的市场份额约为40%，并可能在更多的网络故障中再次下降。如果比特币核心开发者能提高区块大小限制，我相信许多竞争项目根本不会存在，整个行业将继续围绕一种货币演化，BTC将继续成为互联网的首选数字现金。相反，核心开发者把比特币转化为一种高费用和不可靠的结算系统，数字现金这一生态位反而被空了下来。

第六章

臭名昭著的节点

　　既然比特币的初始扩容计划是增加区块大小，那么为什么有人反对大区块呢？虽然我们无法知道比特币核心开发者的内在动机，但可以探讨下他们坚持小区块的表面原因。所有质疑大区块的声音都围绕着一个核心观点：区块越大，运行全节点的成本也会越高。运行节点的成本越高，运行节点的人就越少，网络就会变得越集中。因此，通过保持小区块，可以让更多的人运行节点，从而保持网络的去中心化。2015年，核心开发者Wladimir van der Laan曾明确表示：

　　"我理解扩容的优势，也不怀疑增加区块大小是有效的。虽然可能会有一些未预见的问题，但我相信它们都会得到解决。然而，这可能会使比特币失去其与其他系统的不同之处：人们无需在联网和计算硬件上进行额外投资就能运行自己的"银行"。[1]"

　　这种观点有几个问题。最根本的是，认为用户需要运行自己的全节点才能运行自己的"银行"是不正确的。比特币的设计并不要

---

1 Wladimir J. van der Laan, "Block Size Increase", Bitcoin-development mailing list, May 7, 2015, https://lists.linuxfoundation.org/pipermail/ bitcoin-dev/2015-May/007890.html

求普通人运行自己的全节点，而是可以使用更轻量的软件。全节点需要下载整个区块链的副本并验证网络上的每一笔交易。这对绝大部分人来说都是不必要的。中本聪在设计比特币时提出了简化支付验证（SPV），允许用户用极少量的数据验证自己的交易。使用SPV，您无法验证陌生人的交易，也无法验证所有历史交易，大多数人也无需这些操作。中本聪又不是傻瓜，怎么会设计一个需要人人下载和验证全球交易的现金系统。这样的系统是无法扩展的。

其次，验证成本随着区块大小增加而增加并不是问题。中本聪解释说：

"当下每个用户都是网络节点的系统并不是大规模应用的预期配置。这就好比要每个Usenet用户都运行自己的NNTP服务器。我对比特币的设计支持用户只是作为用户。运行节点的负担越大，节点就越少。那些少数节点将是大型服务器集群。其余的只作为客户端节点，可以进行交易而不负责生成新的区块。[2]"

他还指出：

"只有试图创建新币的人才需要运行网络节点。一开始，大多数用户都会运行网络节点，但随着网络增长到一定程度，只会剩下拥有专业硬件的专业人士来运行服务器集群。[3]"

中本聪（对节点运行成本）的观点是如此明确，也完全合乎逻辑。在各行各业，企业都会专注于自己最擅长的事情。维护比特币网络也不例外。中本聪的设想是由专业人士运行大型的服

2 BitcoinTalk, "Re: Scalability and transaction rate", Satoshi Nakamoto Institute, July 29, 2010, https://satoshi.nakamotoinstitute.org/posts/ bitcointalk/287/

3 Cryptography Mailing List, "Bitcoin P2P e-cash paper, Satoshi Nakamoto Institute, November 3, 2008, https://satoshi.nakamotoinstitute. org/emails/cryptography/2/

务器集群，普通用户连接这些服务器即可。你可以不认同这种设想，但这就是比特币的原始设计。这就好比是电子邮件。技术上来说，任何人都可以设置自己的邮件服务器并连接到全球的电子邮件网络。但为什么要这样做呢？设置和维护服务器都很困难，而且绝大多数人没有理由这样做。所以在大多数情况下，都是专业人士在运行服务器。

主流观点

除了Gavin、Mike和中本聪，早起的论坛用户和开发者也认同比特币系统不需要大多数人运行自己的节点。钱包Armory的创始人Alan Reiner在2015年时表示：

"创建'全球交易网络'的目标和'人人都必须能用200美元购买的戴尔笔记本运行全节点'是不兼容的。我们需要承认，普通用户无法持续地审计一个全球交易系统。[4]"

即使是比特币核心的支持者也承认他们对节点的看法违背了最初的社区共识。"Theymos"是最受欢迎的比特币论坛的所有者，他后来对大区块支持者进行了严格的言论审查，但即便如此Theymos也承认：

"中本聪确定是要增加区块大小。我相信中本聪预期大多数人会使用某种轻量级节点，只有公司和真正的爱好者才会运行全节点。Mike Hearn也持有相似的观点。[5]"

4 Alan Reiner, "Block Size Increase", Bitcoin-development mailing list, May 8, 2015, https://lists.linuxfoundation.org/pipermail/bitcoin- dev/2015-May/008004.html
5 Theymos, "Re: The MAX_BLOCK_SIZE fork", Bitcoin Forum, January 31, 2013, https://bitcointalk.org/index.php?topic=140233. msg1492629#msg1492629

此外，我们无法得知是否成本增加后，运行节点的总人数真的会减少。运行节点的爱好者总数可能会减少，但如果比特币成为新的全球金融网络，成千上万的公司将有动机通过运行节点来盈利。中本聪在白皮书中说：

"需要频繁接收支付的企业仍然会希望运行自己的节点，以便获得更独立的安全性和更快的验证。[6]"

全节点派系

现在让我们来深入探讨小区块支持者为什么如此重视全节点。比特币的维基百科页面有一篇关于全节点的文章，可以很好地解释他们的理念。以下这段长摘录可以总结他们的观点：

"全节点构成了网络的骨干。如果每个人都使用轻量节点，比特币就无法存在。轻量节点会跟随大多数算力。例如，如果大多数矿工联合起来增加他们的区块奖励，轻量节点就会盲目地跟随。一旦这种情况发生，网络就会分裂，轻量节点和全节点会最终在不同的网络上，使用不同的货币。

如果所有的企业和足够多的用户都使用全节点，那么这种网络分裂就不再是一个关键问题，因为轻量客户端的用户会很快就会意识到注意到他们无法与大多数有业务往来的人发送或接收比特币，便会停止使用比特币，直到邪恶的矿工被击败。

然而，如果几乎所有人都使用轻量节点，那么每个人仍然可以相互交易，因此比特币很可能会被邪恶的矿工"劫持"。实际上，

6 Satoshi Nakamoto, Bitcoin: A Peer-to-Peer Electronic Cash System, 2008, https://www.bitcoin.com/bitcoin.pdf

只要全节点普遍存在，矿工就不太可能尝试上述情况，因为他们会损失很多钱。

但如果每个人都使用轻量节点，激励机制就完全改变了。在这种情况下，矿工就有动机改变比特币规则来牟利。只有在大多数比特币生态经由全节点的情况下，使用轻量节点才相对安全。因此，大多数比特币生态参与者依赖全节点而非轻量节点关乎比特币的生死存亡。[7]"

以上就是比特币生态的正统观点。任何试图了解比特币的新人，可能都意识不到这篇文章强烈地偏向小区块，而比特币的创始人甚至都不会不同意这些观点。让我们来讨论两个核心观点：

1. 矿工有动机通过改变规则来"劫持"比特币；例如，增加区块奖励。

2. 矿工无法随意改变规则，因为全节点不会"盲目跟随"大多数算力。

这两个说法都是错误的。首先，矿工没有动机随意改变比特币的规则。乍一看，矿工似乎可以通过凭空创造新币来获利。然而，这忽视了比特币之所以有价值的原因。价值不是内在的；它来自人们基于种种原因对整个比特币网络的信任。如果矿工为自己生产十亿个新比特币，他们将破坏系统的基本信任，从而破坏每个比特币的价值。他们可能会拥有十亿个比特币，但每个币都会变得一文不值。Mike Hearn曾这样解释这一动态：

"理性的矿工不会想让自己的财富贬值。做一些显著降低系统

7 "Full node", Bitcoin Wiki, April 8, 2022, https://en.bitcoin.it/w/index.php?title=Full_node

效用的事情是得不偿失的，因为这会导致人们对系统感到厌恶并抛弃整个系统，最终卖掉他们的币，导致币价下跌。我认为，一旦人们认为无法在现实中使用比特币购买基本的食物或饮料会降低比特币的实用性。[8]"

Hearn认为矿工对系统没有威胁。实际上，矿工根本没有动机去破坏比特币，因为他们唯一的收入来源是交易费用和区块奖励，而这两者都以比特币计价。他们需要确保比特币能在市场上卖出去。

Wiki文章的第二个主要论点是全节点能以某种方式防止网络规则的改变。这是不正确的。记住，全节点无法将区块添加到链中。它们只能验证区块和交易是否有效。假如协议中存在一个漏洞会严重影响比特币的运作，那么必须要在短时间内升级软件。矿工会立即升级，因为他们的利润依赖于网络的安全运行。但如果其他运行全节点的人都不升级会发生什么呢？是否会阻止矿工们进行升级？完全不会。矿工们会继续添加区块，而全节点则会将自己从主网络分裂出来，加入一条新的链。如果新网络没有矿工，他们甚至都无法添加新区块，也无法处理交易。这反倒让用户有理由使用轻量级钱包，因为他们不会面临被主网络分叉的风险。

全节点没有权力来限制矿工更改规则；但它们有间接的权利来通知用户规则已更改。根据Wiki文章的说法，"邪恶矿工"之所以不敢改变规则的是因为全节点会向全世界告发他们的行为，导致整个系统的价值就被摧毁。因此，全节点对矿工起到了监督作用，让他们有所忌惮。这种说法表面上看起来是正确的。矿工确实有动机

---

8 Mike Hearn, "Re: Reminder: zero-conf is not safe; $500USD reward posted for replace-by-fee patch", Bitcoin Forum, April 19, 2013, https:// bitcointalk.org/index. php?topic=179612.msg1886471#msg1886471

不去随意更改比特币的规则，以防摧毁比特币的价值。然而，生态并不需要一个庞大的全节点网络来通知用户规则已更改。相反，一个诚实的矿工，甚至一个诚实的节点即可。任何一个人都可以向世界证明某个区块或交易根据旧规则是无效的。即使100%的矿工勾结在一起，一个全节点仍然可以证明规则已更改。这意味着任何一个矿工、企业、加密货币交易所、研究人员或支付处理商都可以证明规则已更改。因此，基本上可以保证每个用户都会知道。

当然，说全节点完全没有权力也过于草率，因为并非所有节点都是平等的。有些全节点操作员是重要的经济参与者。如果一个在地下室运行节点的比特币爱好者被从网络中分叉出去，这无关紧要。但如果一个大企业或加密货币交易所被分叉出去，就会产生重要的影响，可能会损害币的价值。因此，矿工有强烈的动机确保他们想做出的任何变更都得到相关生态参与者的支持。

诚实和不诚实的矿工

假设我们笃定矿工绝不会对比特币的完整性构成威胁，这也是不准确的。在一种特定的情况下，矿工可能会采取有害操作。如白皮书所述，比特币要求大多数的挖矿算力——即"哈希率"——是诚实的，也就是说他们不会刻意破坏系统。诚实的矿工通过最大化比特币的实用性和扩大网络规模来寻求利润。相反，不诚实或恶意的矿工会对系统构成威胁。根据比特币的设计，即使存在不诚实的矿工，它也能照常运作，但前提是不诚实的矿工只占生态的少数。如果大多数矿工都变成了攻击者，那么比特币确实会遇到问题。例如，如果一个敌对政府控制了大多数算力，那么比特币可能会被中断。但即使在这种情况下，全节点也无能为力。由于它们不能将区块添加到链上，也不能控制矿工的行为，它们只能从主网络中被分叉出去。无论全节点多么努力，它都没有能力拯救一个多数矿工不诚实的网络。

事实上，比特币需要多数算力是诚实的，并不是一个特有的设计缺陷。所有的工作量证明区块链都有同样的漏洞。对抗不诚实矿工的真正防御手段是超高的经济成本。挖矿越昂贵，攻击者试图获得多数算力的成本就越高。因此，比特币越成功，整体安全水平就越高。通常来说，政府是唯一真正有实力获得大多数算力并发起恶意攻击的实体，因为它们不必受制于利润和损失的约束。如果一个资金充足的国家试图以这种方式破坏比特币，无论有多少全节点，对比特币网络都会造成面临真正的挑战。

历史事实表明比特币的设计并不要求普通用户运行自己的节点。中本聪多次表示：

"设计概述了一个不需要完整区块链的轻量级客户端。叫做简化支付验证。轻量级客户端可以发送和接收交易，不能生成区块。它不需要信任一个节点来验证支付，可以自行验证。[9]"

大规模扩展始终可以通过大区块来实现，基础设施应该由专业的服务器集群维护。比特币核心开发者却不认同中本聪的设计，坚持让普通用户下载整个区块链并验证每一笔交易，哪怕用户根本没有这么做的经济动机。这是目前BTC链的主导思想，也正是交易吞吐量受限和费用高的罪魁祸首。

---

9 BitcoinTalk, "Re: Scalability", Satoshi Nakamoto Institute, July 14, 2010, https://satoshi. nakamotoinstitute.org/posts/bitcointalk/188/

第七章

大区块的真实成本

"'我想用家用电脑运行一个完整节点。'真的有人关心这个问题吗？中本聪并不觉得这是个问题，他的愿景是家用用户运行SPV节点，完整节点托管在数据中心。[1]"——Gavin Andresen，2015

只要你认真计算，就会发现对大区块成本的过度担忧是不理智的。其实，无需复杂的计算，就能看出比特币可以扩展到远超1MB区块的规模，且不会显著增加成本。事实上，考虑到相关成本的急剧下降，即使大规模扩容，也不会对家用用户运行节点造成财务负担，尽管中本聪并不期望普通用户这么做。

要运行一个基本的完整节点，需要考虑两个主要的成本，即数据存储和带宽。过去几十年来，数据存储和带宽随着技术成本的普遍下降而急剧下降。我在第一线观察到了这些趋势；我创建的公司MemoryDealers就是销售计算机硬件的。

在《比特币标准》一书中，Ammous试图通过数字解释为什么

1 Gavin Andresen, "Re: Bitcoin 20MB Fork", Bitcoin Forum, March 17, 2015, https://bitcointalk.org/index.php?topic=941331. msg10803460#msg10803460

链上扩展是不可行的：

"为了处理Visa的1000亿笔交易，每个比特币区块需要大约800兆字节，这意味着每十分钟，每个比特币节点需要增加800兆字节的数据。一年内，每个比特币节点将增加大约42TB的数据……到链上。[2]"

这么算没错。如果比特币1MB区块大约处理四笔交易，那么800MB的区块相当于每秒3200笔交易或每年1000亿笔交易。任何熟悉计算机的人都知道每10分钟800MB是很低的了，这可是能够实现Visa级别的吞吐量。然而，Ammous得出了相反的结论：

"这样的数字完全超出了现在或未来商用计算机的处理能力，至少在可预见的未来是不现实的。[3]"

我不知道Ammous是怎么得出的结论，但显然他对技术成本并不熟悉。即使在大规模吞吐量下，存储和带宽成本也不会显著。

存储成本

让我们先来做一些最基本的计算，再展示如何进一步降低成本。2023年9月，在Newegg.com上搜索8TB硬盘，显示的第一个结果是售价119.99美元[4]的Seagate Barracuda硬盘，即每TB15美元。如果比特币每年使用42TB，那就是630美元，或每月52.50美元。如果把消费者级别的成本也考虑在内，如6托架NAS服务器机箱

---

2 Ammous, The Bitcoin Standard, p. 233
3 Ibid.
4 "Seagate BarraCuda NE-ST8000DM004", NewEgg, September 2023, https://www.newegg.com/seagate-barracuda-st8000dm004-8tb/p/ N82E16822183793

的成本，总计大约为670美元[5]。所有成本每年仅需1300美元——每月刚刚超过一百美元——就可以存储100,000,000,000笔交易。

虽然成本已经很低了，但实际的存储成本要更低。这多亏了比特币的巧妙设计。简单来说，完整节点不需要存储整个交易历史。实际上，它们只需要存储余额非零的地址列表——称为"未花费交易输出集"（UTXO集）。你可以将UTXO集视为活跃现金余额的列表，而不包括它们对应的历史交易。这使得UTXO集的大小仅为所有交易历史记录的一小部分。这些记录可以被"修剪"掉，即丢弃旧的、无关的信息。比特币矿工通常运行的都是修剪后的区块链。然而，如果完整节点确实需要某个历史记录，它可以很容易地保留尽可能多的月或年的数据记录。节点无需存储从2009年开始的所有记录，只需存储过去一年的记录。所以，与其每年存储42TB，可能只需共计存储42TB，从而将年度存储成本变成一次性支出。

一个以Visa级别运行并保留整个区块链历史记录的完整节点，使用消费级硬件仍只需要支付微小的存储成本。这些计算甚至没有考虑未来技术成本会必然降低。计算机存储在过去70年中一直在大幅降价。

中本聪在2009年初发布比特币时，计算机存储的成本大约是每GB0.10美元。从那时起，价格已经下降了85%以上，目前每GB低于0.015美元[6]。与Ammous声称800MB区块会产生的数据"超出商用计算机可能处理能力的范围"相反。实际的存储成

---

5 "QNAP TS-653D-4G 6 Bay NAS", Amazon, September 2023, https://www.amazon.com/QNAP-TS-653D-4G-Professionals-Celeron-2- 5GbE/dp/B089728G34/

6 "Disk Drive Prices 1955+", Jcmit, September, 2023, https://jcmit.net/ diskprice.htm

本对于消费者来说是负担得起的，对于大多数企业来说是微不足道的[7]。

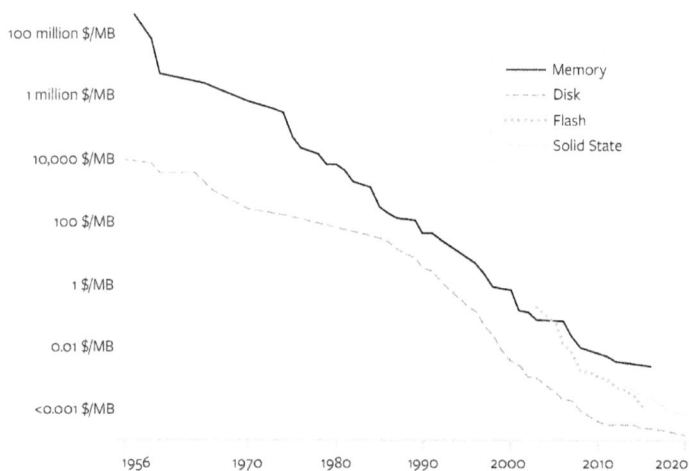

图2：以每兆字节/美元计的计算机内存和存储成本

带宽成本

存储成本不是真正的问题。小区块支持者认为大区块的带宽成本会非常昂贵。《比特币标准》一书中写道：

"[一个]每年可以增加42TB数据的节点需要一台非常昂贵的计算机，并且处理每日所有交易所需的网络带宽会是一笔巨大的支出，这对于维护一个分布式网络来说是非常复杂且昂贵的。[8]"

---

7 对于需要超快性能的某些专业企业，如加密货币交易所或支付处理器，可能会由于RAM需求而需要支付更高的成本——尽管这些成本也会有所收缩。参见Gavin Andresen的一篇评论 http://gavinandresen.ninja/utxo-uhoh

8 Ammous, The Bitcoin Standard, p. 233-234

Ammous在谈论技术成本时言之凿凿，但显然没有进行过基本的研究。早在2008年，在中本聪发布代码前就解决了这个问题。他说：

"带宽或许不会有你想象的那么高。一个典型的交易大约为400字节。每笔交易必须广播两次，即大约需要1KB的带宽。2008年，Visa在当年的财政年度处理了370亿笔交易，平均每天1亿笔交易。如此多的交易将占用了100GB的带宽，相当于12张DVD或2部高清电影，按照当前的价格计算，带宽费用大概花费了18美元。

"网络规模要达到那种程度，需要等个几年。那时，通过互联网传输两部高清电影可能就不算什么大事了。[9]"

这段话提到了几个方面。首先，中本聪估算的每天18美元的费用——每年超6,500美元——是在表明网络实现大规模扩展后，带宽成本可以很低。这再次表明他不期望普通用户运行自己的节点。每天18美元并不是一个过高的金额，但足以劝阻那些无法收回成本的普通用户。但这对矿工们不会有任何负担。让我们假设日后那1亿笔交易中每笔交易费为0.01美元，那么每天将产生100万美元的收入，足以覆盖带宽成本。

其次，中本聪在2008年写这封邮件时，美国的带宽成本平均为每兆比特每秒9美元。十年后，这一成本下降了92%，降至0.76美元[10]。带宽成本在全球各地有所不同，但总趋势都是下降的，并且有迹象表明会保持这一趋势。AT&T在美国的收费标准为1Gbps

---

9 Satoshi Nakamoto, "Bitcoin P2P e-cash paper", Bitcoin.com,November 3, 2008, https:// www.bitcoin.com/satoshi-archive/emails/ cryptography/2/#selection-29.1597-29.2053
10 "The Shrinking Cost of a Megabit", ncta, March 28, 2019, https:// www.ncta.com/whats-new/the-shrinking-cost-of-a-megabit

每月仅80美元，2Gbps[11]每月110美元。对于在使用光纤互联网的用户来说，他们可能根本注意不到带宽成本的增加。

要理解这些数字在今天是多么的微不足道，我们可以参考下Netflix的数据使用情况。在Netflix观看一小时高清（HD）视频需要大约3GB的数据，一小时4K视频需要约7GB[12]的数据。按照中本聪每天100GB的估算，这相当于每小时4GB的数据——比在流媒体上观看4K视频的带宽使用量少43%。虽然并不是世界上所有人目前都能够在家使用流媒体观看4K视频，但重点是带宽成本在全球范围内呈指数级下降，甚至在发达国家，一个节点运营商可能根本不会注意到带宽成本的增加。毫无疑问，有些节点将无法承担成本上涨，但比特币网络的容量不应该受到带宽最弱的节点的限制。如果运行一个可以处理Visa级交易吞吐量的全节点只需要千兆级的网络连接，那么这一准入门槛并不算高。

带宽技术在过去几十年里迅速发展，且没有放缓的迹象。2008年，中本聪预测通过互联网发送高清电影最终会成为常态，四年后的2012年，Google Fiber首次将千兆互联网连接到家庭用户，此后千兆网速成为了主流。Fiber比当时的平均家庭网速快近百倍[13]。同样的，未来的带宽技术也将前景光明。2021年，日本的研究人员创造了新的网速纪录，实现了惊人的每秒319太比特[14]。这是美国

11 Michael Ken, "AT&T Starts Offering 2-Gigabit and 5-Gigabit Home Internet Amid Cost Hike", PC Mag, January 24, 2022, https:// www.pcmag.com/news/att-starts-offering-2-gigabit-and-5-gigabit-home- internet-amid-cost-hike

12 Nick Perry, "How much data does Netflix use?", digitaltrends, June 19, 2021, https:// www.digitaltrends.com/movies/how-much-data-does-netflix- use/

13 Blair Levin and Larry Downes, "Why Google Fiber Is High-Speed Internet's Most Successful Failure", Harvard Business Review, September 7,2018, https://hbr.org/2018/09/ why-google-fiber-is-high-speed- internets-most-successful-failure

14 Kristin Houser, "Japan breaks world record for fastest internet speed", Big Think,

的320万倍，那时美国的平均网速为每秒99.3兆比特[15]。虽然这种技术需要很多年才能交付，但它再次证明了指数增长将成为常态，未来还会有其他突破。带宽对大规模扩展的比特币根本不是一个重要的问题。等到比特币被全球采用时，带宽成本将比现在更微不足道。正因如此，Gavin Andresen认为比特币在扩展方面没有任何重大的障碍。2014年，他写道：

"根据我的粗略计算，我的电脑现在可以毫无负担地支持每秒5000笔交易；并且我的电脑和网速不过略优于家庭平均水平。"

这相当于每天能处理4亿笔交易。哪怕美国人每天都进行一笔比特币交易，我仍能应付自如。

经过12年的带宽增长，我的家庭网络连接每天可以支持560亿笔交易——足够每个人每天进行五六笔比特币交易。很难想象有人认为这还不够…即使在二十年内，全世界所有人完全从现金转向比特币，将每笔交易广播到每个全节点也不会是问题[16]。

BTC网络每十分钟产生大约1MB大小的区块，这小的可笑——甚至比普通的手机照片还小。今天，我们不断地使用流媒体，这些视频远大于1MB，而且是通过蜂窝网络传输的，并且数据成本在不断下降。比特币是有意被设计成普通用户无需运行自己的节点。即使比特币实现了在大规模普及，成本也会在承受范围内。

November 13, 2021, https://bigthink.com/the-present/japan- internet-speed/

15 Alex Kerai, "State of the Internet in 2023: As Internet Speeds Rise, People Are More Online", HighSpeedInternet.com, January 30, 2023, https://www.highspeedinternet.com/resources/state-of-the-internet

16 Gavin Andresen, "A Scalability Roadmap", Bitcoin Foundation, October 6, 2014, https://web.archive.org/web/20141027182035/https:// bitcoinfoundation.org/2014/10/a-scalability-roadmap/

第八章

正确的激励机制

"在我看来，大多数人都只注意到了比特币的数字签名和点对点网络技术，却忽略了它的激励机制设计。[1]"——Gavin Andresen, 2011

比特币不仅仅是一个软件项目或计算机网络。它是一个庞大而复杂的系统，全球数有数百万人参与其中。要理解比特币，我们不仅要研究其软件。一些比特币的关键特性并未在代码中体现，而是内置于其激励结构中。比特币的设计激励用户、矿工和企业以一种既有利于自己又有利于整个网络的方式使用比特币。这种经济协调或许不容易被注意，却与其他技术细节一样重要。

为什么要运行全节点？

大区块支持者和小区块支持者就全节点在网络中的角色存在分歧，这反映出他们对激励机制持有不同的看法。在小区块哲学中，

---

1 Gavin Andresen, "R e: Microsoft Researchers Suggest Method to Improve Bitcoin Transaction Propagation", Bitcoin Forum, November 15, 2011, https://bitcointalk.org/index.php?topic=51712. msg619395#msg619395

全节点被视为关键角色，尽管缺乏明确的激励机制。他们鼓励普通用户运行自己的节点，下载并验证整个区块链以使用比特币，哪怕这会造成负担。首次运行节点时，同步到网络的其他部分需要花费几小时甚至几天，还要占用数百GB的磁盘空间。因此，全节点通常不会在智能手机上运行，这进一步导致了BTC难用。用户运行这种软件没有奖励，只是能验证他人的交易。

这对软件工程师来说不算困难，但对大多数人来说并不现实。大多数人永远不会运行全节点，因为他们没有理由这样做。花费太大，回报太少。如果比特币需要普通人运行自己的节点才能维护网络安全，那将是一个严重的设计缺陷。

与此相比，中本聪的SPV设计允许用户下载钱包并能同步历史数据。你可以像使用其他应用一样轻松地在智能手机上使用BCH钱包。BTC的支持者总是声称SPV存在一些理论上的安全问题，但目前并没有用户丢失资金的案例。SPV技术目前为止很成功，市面上最流行的BTC钱包应用实际上使用的都是SPV或类似的技术，要么就是托管钱包。在中本聪看来，重型基础设施维护需要由矿工来完成，而不是普通用户，因为矿工可以从中获得收益。

另一个对经济机制的错误理解是比特币核心开发者试图防止最小的节点不被踢出网络。开发者本有多次机会增加区块大小限制，但他们不想冒险让任何节点离开网络，无论是多么小的节点。实际上，有些BTC支持者倡议将全节点放到树莓派上——这些计算机小到只需30美元。这样一来，我们就不难理解为何他们认为BTC无法扩展；比特币网络上的每笔交易都要用极其便宜的设备处理！从扩展的角度看，核心开发者的行为极其糟糕！他们将网络的容量限制在最小参与者的能力范围内，并未理解随着网络增长，最小的节点退出网络是理性的。正如中本聪所说，节点将会专业化为大型服务器集群。这就是经济增长的必然结果。

傲慢的中央决策者

弗里德里希·哈耶克是奥地利学派最著名的经济学家之一。1974年，他因学术成就获得诺贝尔经济学奖。他最著名的著作之一是《致命的自负》，书中对中央计划经济的问题分析得精彩至极。他有句名言：

"经济学的奇妙任务在于向人们展示他们对自己设想的设计其实了解得多么少。[2]"

越是了解自由市场是如何运作的，就越会意识到指望中央计划设计出一个更好的系统是傲慢无知的。市场可以高效协调稀缺资源，也无需任何中央权威指导价格和生产配额。哈耶克有段著名的表述：

"有人天真的以为秩序只能是特意安排的产物。在复杂条件下，通过分权决策可以更有效地实现秩序并适应未知，虽然这听起来很荒谬。实际上，分权才能考虑得更加全面。[3]"

换句话说，自由市场能实现买家、卖家、生产者、消费者、种植者、制造商和经济中的每一个参与者之间的信息迅速流动。他们都在试图弄清楚应该生产什么类型的产品、生产多少、用什么材

---

2 F. A. Hayek, The Fatal Conceit : The Errors of Socialism, edited by W. W. Bartley III, Chicago: University of Chicago Press, (1988), p. 76
3 Ibid.

料、以什么成本、在什么地方、使用哪些制造工艺等。对于中央计划委员会来说，这些信息太多了，超出了他们的理解范围。因此，如果有人信誓旦旦地说"鞋子的'正确'价格是45美元一双"是愚蠢的。价格取决于诸多因素，如鞋子的材质、质量、销售地点等。与其让某个委员会为所有人决定鞋子的价格，不如让企业家们在市场内自行定价，这样可以接收更多信息，更好地协调整体环境。

这些经验教训与比特币息息相关。正如自由经济比中央计划经济更有效，自由的比特币也比中央计划的比特币更好。比特币核心在许多问题上就相当于比特币的中央计划委员会，他们想象出一个"正确"的区块大小、"正确"的交易费用水平，"正确"的节点数量。这就是为什么Gavin说：

"中央计划让我想完全移除硬性的区块大小限制。我们应该让网络决定区块到底该多大"[4]。

在经济学术语中，BTC的区块大小限制完全就是中央计划造成的供应短缺。对大区块的需求是真实存在的，但矿工因为代码限制而无法这么做。BTC用户被迫在人为制造的"费用市场"中竞争以加速处理交易。同样的，在住房市场上，如果中央计划者阻止人盖新的楼盘，就会导致供应短缺和价格飞涨。供需的基本经济原理同时适用于住房市场和加密货币市场。如果不加干预，矿工将生产出满足需求的最佳区块大小。

核心开发者的中央计划倾向不仅创造了不必要的费用市场。他们甚至试图利用区块大小限制来影响其他开发者正在开发的项目。

---

4 Gavin Andresen, "Re: Please do not change MAX_BLOCK_ SIZE", Bitcoin Forum, June 03, 2013, https://bitcointalk.org/index. php?topic=221111.msg2359724#msg2359724

核心开发者Wladimir van der Laan解释说:

"费用压力增加,用户纷纷提高交易费用以进入区块,生态急需开发去中心化的链外解决方案。我担心增加区块大小会将这个问题拖延下去,让用户(和大型比特币公司)掉以轻心,直到再次需要增加区块大小,他们又会再次动员加文,永远给不出一个明智、可持续的解决方案,就像现在这样陷入永无止境的讨论之中。[5]"

开发者不仅自以为是地设定区块上限,还试图利用高费用来激励人们遵从他们的喜好去开发项目。他们不介意网络崩溃,因为这会产生"急需开发去中心化的链外解决方案的紧迫感"。多么自负啊!然而,实际情况是开发者从BTC生态出走,加入了其他更有前途的项目。

信任激励机制,而非个体

比特币的经济设计中另一个经常被误解的部分是信任的角色。就像"数字黄金"的概念被过度字面化,"无需信任"的概念也被过度字面化。中本聪说比特币不需要"受信任的第三方",并不是说不需要任何形式的对人类的信任。比特币的本质是经济,这使它也具有社会性,换句话说,它在某种程度上仍然需要信任人类。例如,一个BTC爱好者可以运行自己的节点,验证区块链上的每笔交易,并认为自己不需要信任任何人。但他理解错了。实际上,他信任许多素未谋面的人。他信任自己的操作系统开发者没有作恶。他信任CPU制造商没有作恶。他信任生产计算机的每家公司都没有在

5 Wladimir J. van der Laan, "Block Size Increase", Bitcoin-development mailing list, May 7, 2015, https://lists.linuxfoundation.org/pipermail/ bitcoin-dev/2015-May/007890.html

硬件中植入漏洞。他信任他的ISP以安全的方式连网。可以说，他信任分布在全球的数以千计的人，而不是某个单独的个体。相反，他相信协调他们所有人的经济激励系统能够生产出高质量的硬件和软件。即使生产链中的人互相憎恨，甚至可能恨他本人，他也相信这个系统会充分地奖励好的行为并惩罚坏的行为，从而生产出可靠的产品。

比特币的运行原理也是如此。其系统的运行无需中央权威，任何人都无需信任某个特定的个人或公司。相反，他们需要相信该系统的激励机制足够强大，足以创建一个可靠的网络。这种信任无法来自个体自行分析代码，而必须来自对比特币生态的整体信任，包括足够多的个人和企业为了自身利益而保持诚实。当比特币核心开发团队改变系统的激励机制时，他们从根本上改变了其整个设计。

中本聪的系统设计并不完美，确实忽视了一个关键问题：比特币软件开发的治理和资金问题。矿工有强大的激励。用户有正确的激励。但开发者的激励却模糊不清，且可能会导致利益冲突。就拿比特币核心来说，他们的决策过程存在缺陷，并最终导致整个项目脱轨。

以下是理解比特币原始设计的五大基本理念：

1. 比特币是被设计为用于互联网支付的数字现金。

2. 比特币是被设计为交易费用极低。

3. 比特币是被设计为可以通过增加区块大小来扩展。

4. 比特币是被设计为普通用户无需运行自己的节点。

5. 比特币的经济设计与其软件设计同样重要。

　　目前摆在我们眼前的问题不是比特币核心是否改变了原始设计，而是你是否喜欢他们的更改。在我看来，他们的新设计并不是一种改进。这些年除了币价上涨，BTC在各个方面都比2013年的比特币更糟。

第九章

闪电网络

哪怕是最高调的比特币最大主义者也承认，从长远来看，需要想办法使比特币用于日常商业中。但是他们又不希望在基础层提供这种功能，而是希望借助诸如闪电网络这样的二层解决方案。小区块支持者坚持不提高区块大小上限，认为闪电网络可以解决扩展问题——他们甚至在闪电网络诞生前就提出了这个论点。尽管炒作不断，闪电网络的实际使用情况却不乐观。其中，几个关键的设计缺陷导致闪电网络不安全、操作复杂，并不太可能获得主流采用。为解决闪电网络缺陷的方案都增加了新的复杂性，带来了新的问题——从软件开发的角度来看，这可不是好兆头。

以下是闪电网络设计的基本概述。该技术的核心是"支付通道"，本质上是两个参与者之间的余额变动。假设Alice与Bob开设了一个支付通道，并存入了10美元。初始余额是Alice10美元，Bob0美元。如果Alice向Bob发送了一笔3美元的交易，则最新的余额会变成Alice7美元，Bob3美元。Bob发送1美元给Alice，余额又会变成Alice8美元，Bob2美元。这些交易并不记录在区块链上；而是由他们各自的节点在链下跟踪余额。任何一方都可以在任何时候关闭通道，然后通过一笔链上交易给对方分配最终的余额。

支付通道是一项被讨论了很多年的新技术，甚至中本聪对其也有研究。然而，这项技术最初并不是作为扩展解决方案，而是为微支付和高频率双向交易设计的，主要用于机器对机器支付等特殊场景。支付通道在微支付场景下很有用，因为它支持双方进行小额转账而无需支付链上交易费。

闪电网络试图将支付通道连接起来，创建一个可以路由日常比特币支付的二层网络。比如，如果Alice想给Charlie汇款，但她跟Charlie没有开设支付通道，那么她可以通过与Charlie有通道的Bob来路由这笔支付。如此一来，Bob可以获得少量的交易费用。理想情况下，闪电网络上的支付应当是即时且低费用的，是扩展比特币而无需增加区块大小限制的有效扩容方案，因为大多数交易都在链下。遗憾的是，闪电网络在实践中运行得并不好，主要是因为它有几个系统性的设计缺陷。

链上交易

闪电网络最根本的问题是需要链上交易。开设和关闭支付通道都需要发起链上交易，并且用户被建议同时开设多个通道。开设通道不是一劳永逸的，需要持续的维护，且每年要刷新一次。这导致了两个关键的问题：

1. 用户必须支付链上交易费用才能开设或关闭通道。如果基础层被用作银行间的结算系统，仅仅是为了连接到闪电网络可能要花费高达数百或数千美元的费用。

2. 由于连接到闪电网络需要链上交易，因此1MB的区块大小不可能允许大量用户加入闪电网络。

问题1虽然很直观，但往往被普通用户忽略。最受欢迎的闪电钱包要么是托管钱包，即用户的资金由公司控制，要么钱包会补贴链上交易费用。这两种情况都不理想。托管闪电钱包磨灭了比特币的所有优势，而且这些公司只在费用较低时才能补贴链上交易费用。如果费用持续高于50或100美元，补贴将无法继续。闪电网络无法避免基础层费用高的困境。

问题2也很直观，在闪电网络白皮书问世后就被提出来了。在区块空间极为有限的情况下，即使只在开通支付通道时才发起BTC交易，也没有足够的空间让每个区块容纳数千人。著名的比特币支持者和开发者Paul Sztorc撰写了一篇文章，用数字详细分析了这些问题。他得出结论，即使90%的区块空间用于开设通道，每年最多也只能有约6600万人加入闪电网络——这意味着要让全世界的人都加入闪电网络需要大约120年。他总结道：

"换句话说，每年只有全球0.82%的人能加入闪电网络。更糟糕的是，如果支付通道只能持续一年，那么2024年1月1日加入的人需要在2025年1月1日重新开设通道。在意味着，在任何情况下，全球最多只有0.82%的人口可以真正成为比特币的用户。[1]"

Sztorc提出的解决方案是创建一条大区块"侧链"（在第十三章中解释），可以让容纳更多用户。我的解决方案是直接使用大区块的比特币，这样就不需要闪电网络来实现全球范围内的扩展。闪

---

1 Paul Sztorc, "Lightning Network -- Fundamental Limitations", Truthcoin.info, April 4, 2022, https://www.truthcoin.info/blog/lightning- limitations/

电网络白皮书的作者Joseph Poon写道:

"如果所有的比特币交易都通过微支付通道进行，要实现70亿人每年开通两个通道，并在通道内进行无限次交易，将需要133MB的区块（假设每笔交易500字节，每年52560个区块）[2]。"

作为闪电网络白皮书的作者，Joseph认为能为全球用户所用的闪电网络仍然需要大至133MB的区块！不同于如今的小区块支持者，他认为133MB的区块是可以实现的:

"当前的台式电脑可以使用2TB的存储空间，运行一个剔除了旧区块的完整节点。"

要运行闪电网络，需要发起多笔链上交易。因此，1MB、2MB甚至10MB的区块限制都无法使其成为终极扩展方案。普通用户不太可能愿意花费50美元或100美元开设支付通道，即使他们愿意，比特币的小区块限制也无法支持大规模的使用。

在线节点

闪电网络要求用户运行自己的节点。这曾令著名的比特币人物Tone Vays感到困惑。尽管他不断宣传闪电网络是提高区块大小限制的替代方案，但显然他对闪电网络也心存顾虑。在与Jimmy Song的一次YouTube对话中，Tone Vays首先回答了观众的一个问题:

Vays: Jimmy，这有个好问题。有人问"设置自己的闪电节点有什么好处？"

---

2 Joseph Poon and Thaddeus Dryja, "The Bitcoin Lightning Network: Scalable Off-Chain Instant Payments", January 14, 2016, https://lightning. network/lightning-network-paper.pdf

Song：呃，你可以给别人转账。

Vays：等一下，我需要澄清一下。我需要一个闪电节点才能交易吗？

Song：是的。

Vays：真的吗？

Song：是的，因为你支付给别人的唯一方法是拥有一个通道，而你不能拥有一个通道，除非你有一个节点。

Vays：但是，你需要自己的节点，还是需要别人的？

Song：你需要自己的节点。

Vays：哦，哇，所以每个人都需要自己的闪电节点？

Song：是的。[3]

要求普通用户运行自己的节点是非常困难的，因为这些节点需要持续的监控和维护。不仅如此，每个节点都必须保持在线，否则他们会有丢失资金的风险，这更会让人打退堂鼓。

根据闪电网络的设计，在支付通道打开期间，双方都会有通道开通期间的所有历史记录——每个状态的单独记录，如Alice有10美元，Bob有0美元，Alice有7美元，Bob有3美元等。当一个通道关闭时，关闭通道的一方会广播"最终"余额。然而，他们可以广播通道的先前状态，而不是最新的余额，这使得Alice有可能从Bob那里窃取资金。假设他们的最后一笔交易余额是Alice1美元，Bob9美元。如果Alice关闭通道时没有广播最新的余额，而是广播一个她有10美元，Bob有0美元的旧状态。假设Bob没有及时

---

3 Tone Vays, "Bitcoin Brief w/ Jimmy Song - Bitmain, BTC Apartments in Dubai & $10k Price Talk", Youtube, February 15, 2018, https://www. youtube.com/watch?v=9_WCaqcGnZ8&t=2404s

发现，那么Alice最终会窃取9美元。

闪电网络的解决方案是惩罚广播旧通道状态的行为。如果Bob在两周内抓到Alice，他可以广播一个更新的状态，证明Alice广播了一个旧状态。一旦发生这种情况，通道中的所有资金都会归Bob所有。这是防止作恶的一种激励手段，但是效果甚微。如果Alice在通道中只有少量或没有余额，那么她偷盗所需承担的风险很小。此外，要抓到作弊行为，节点需要连接到互联网。如果Bob的节点离线，他无法知道Alice的偷盗行为，并最终可能会丢失资金。这就是为什么一些闪电网络的支持者建议节点使用备用电池。

闪电网络开发者试图通过创建"观察塔"来解决这个问题。观察塔是第三方，负责监控通道，确保无人作弊，哪怕有一个节点离线。这使得系统变得更加复杂，需要确保观察塔是值得信任的，有实力的，否则用户可能会丢失资金。信任问题不过是转移到了生态的其他参与者身上，如观察塔也需要有自己的观察塔负责监督。

除了安全风险外，离线节点甚至无法接受支付，也无法为其他人路由支付。闪电网络要求双方同时在线，发送者不能随意向接收者发送比特币。接收者必须生成特定的发票供发送者填写——因此需要双方都在线。

保持联网也存在安全风险，因为这意味着用户的比特币密钥保存在所谓的"热钱包"中，即连接到互联网。比特币的标准安全措施是将大部分币保存在离线的"冷钱包"中，只将少量币保存在连网的钱包中。黑客更容易盗取热钱包，而整个闪电网络都由热钱包组成。将币从闪电网络转移到离线冷钱包的唯一方法是进行链上交易。

流动性和路由问题

通过闪电网络路由支付是另一个严重问题。每笔支付都需要找到从发送者到接收者的明确路径。如果Alice想支付Donald发送交易，但没有直接与他建立通道，她必须经由其他通道。例如，她可能需要先把钱发给Bob，Bob再把钱转给Charlie，因为Charlie与Donald建立了通道。如果后者的网不好——没有与其他连接良好的节点建立足够多的支付通道——软件就无法找到通往他的路径，支付将会失败。

但仅仅找到路径还不够。路径上的每个通道也需要有足够的流动性才能完成支付。如果Alice想通Bob和Charlie向Donald发送100美元的支付，但Bob和Charlie之间的通道只有50美元的流动性，这笔支付将无法完成。实际上，这会导致多次支付失败，特别是大额交易。

要更好地理解支付通道，最好的比喻是要移动绳子上的珠子。通道就像连接双方的绳子，珠子代表流动性。假设Alice与Bob建立了一个通道，并在绳子上放了50颗珠子。为了买咖啡，她从一端移动5颗珠子到另一端。然后，为了买口香糖，鲍勃又移动一颗珠子给爱丽丝。当支付通道关闭时，如果双方都不试图偷窃对方，Alice和Bob将根据最终的位置获得正确数量的珠子。

而如果没有足够的珠子来处理支付，网络就会遭遇流动性问题。如果Alice和bob的通道上只有50颗珠子，那么他们就无法路由任何超过50颗珠子的支付——因为没有足够的珠子可以移动。还有一个更复杂的问题是，要通过闪电网络完成支付，必须找到一条从Alice到唐纳德的路径，其中每一步都必须有足够的流动性，并且这些余额是不断变化的。每次通过Bob的通道路由支付，通道的可用流动性都会变化。因此，不仅支付通道会不断地打开和关闭，其中各自的余额也在不断变化。假设有数十亿人使用这个系统，每个人都有多个支付通道，且这些通道的余额在不断变化。简单的路由任务会变得极其复杂，在没有大规模网络中心化的情况下甚至都无法使用。从IT企业家转型为瑞典政治家的Rick Falvinge在一系列关于闪电网络的视频中得出结论：

"'网格路由'是计算机科学中尚未解决的问题，特别是当网络中存在对抗者时……我认为闪电网络是一条死路……它不会被广泛采用。它将只是一个被摆弄的玩具，最终被搁置一旁。[4]"

Andreas Brekken是加密货币交易所Sideshift的创始。他也得出了类似的结论。我曾向Andreas询问展开闪电网络业务的经历，他说：

"路由是闪电网络上的一个严重问题。支付经常无法路由成功，我尝试通过与最大的交易所连接来缓解这个问题。但即便如此，问题也无法完全解决。我必须使用软件来估计支付成功的概率，如果百分比不够高，我根本就不会发送支付。

坦白说，大量比特币用户被误导认为这个东西能行，但在将其纳入我的业务后，我实在不认为它能成功。"

从可用性的角度来看，落实闪电网络最好的方式是拥有完全托管的钱包，并连接到最大的交易所。当然，这样一来就失去了比特

4 We Are All Satoshi, "Rick Reacts to the Lightning Network", Youtube, February 18, 2018, https://www.youtube.com/watch?v=DFZOrtlQXWc

币原本的意义。

Andreas说的没错。如果闪电网络要获得成功，它将需要大规模的中心化网络和广泛使用的托管钱包。

中心与辐射模型

中心化是缓解闪电网络困境的唯一可靠方法。托管钱包无需用户自己运行节点，无需保持在线。如果由网络稳定和流动性充足的大型中心服务商来为数百万人服务，那么路由将变得更加容易——如果每个人都与PayPal开通一个通道，那么找到路由的机会就会很高。如此一来，大公司不仅会成为比特币经济的重要参与者，用户还将不得不依赖它们来实现基本的支付功能。同托管钱包一样，用户会很轻易被审查并被踢出网络连接。

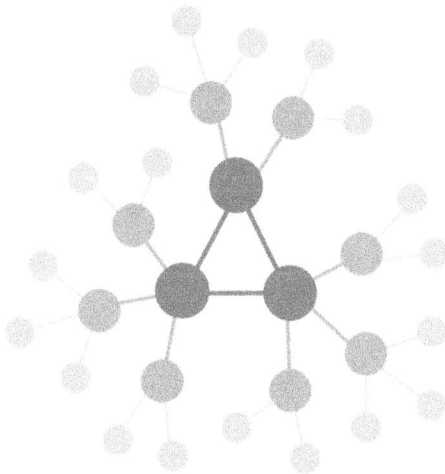

图3：中心与辐射网络模型图

闪电网络愈发中心化是必然趋势。多年来，一直有人做出这种预测。实际上，闪电网络的中心化问题已经成为一个学术研究主题。闪电网络的网络结构被称为"中心与辐射模型"——类似于车轮上的辐条——小节点连接大节点，大节点连接超级节点。

上图可以看出闪电网络不是一个分布式的点对点网络，节点之间不能直接相连。如果是链上支付，Alice可以直接连接到Donald。而在闪电网络中，Alice必须先通过Bob和Charlie。最大节点对整个网络的顺利运行至关重要，这些大型节点将拥有审查权，并由大型公司托管；而这些公司会很容易受到监管。当它们因故障、监管或维护等因素而下线时，将严重损害网络连接。如果用户与中心枢纽的连接中断，可能会彻底与网络断开。Alice可能无法找到与Donald连接的任何路径，而不得不转而使用PayPal等替代方案。

有学术研究人员在2020年发表了论文《闪电网络：通往比特币经济中心化的第二条路径》[5]，其中写道：

"[比特币闪电网络（BLN）]正变得越来越集中化，越来越符合核心-外围结构。对闪电网络进行的抗压性测试表明移除枢纽会导致网络分裂成多个部分，这意味着该网络可能会成为分裂攻击的目标。"

研究人员提出了几个数学和实证论据，表明中心化是闪电网络的设计所固有的，并得出结论：

---

5 Jian-Hong Lin, Kevin Primicerio, Tiziano Squartini, Christian Decker and Claudio J. Tessone, "Lightning Network: a second path towards centralisation of the Bitcoin economy", June 30, 2020, https://arxiv.org/ pdf/2002.02819.pdf

"（闪电网络的）中心化趋势是显而易见的，如果只考虑权重数量，平均约10%的节点持有BLN上80%的比特币。这意味着BLN架构在变得与"分布性"渐行渐远。如此一来，闪电网络会愈发脆弱，容易遭受攻击，发生故障。"

流动性问题不仅加重了中心化压力，还增加了始终连接到互联网钱包的需求。大多数用户不愿将成千上万的美元锁定在他们的支付通道中，要保持始终在线也会增加安全风险。这意味着大额支付将不可避免地被迫依赖流动性充足和技能过硬的大型公司支付中心，这些公司才有实力防止黑客攻击。

闪电网络会不可避免的愈加中心化，这实在是太讽刺了！核心开发者正是为了避免中心化才大幅修改了中本聪的原始设计。闪电网络不仅复杂、笨拙还不可靠。用户每次使用它的成本也高得多，因为使用它需要数百甚至数千刀的手续费。此外，如果用户被中央支付中心拉黑，他们将不得不进行额外的链上交易来与网络保持连接。假设每笔交易要花费数千美元，那么被拉黑的用户将几乎无法使用比特币。

根据中本聪的设计，比特币网络在遭受51%攻击时将无法正常运行，尽管51%的攻击成本非常高。而在闪电网络中，这一成本会大幅降低。政府或作恶者可以轻易地攻击最大的支付渠道。如果他们能够同时摧毁少数的几个关键枢纽，那么整个网络几乎将陷入瘫痪。他们甚至无需拥有大部分的算力。

虚假的承诺

如今，比特币扩容的可行性依赖于二层的发展。如果这些二层不能提供廉价、可靠的支付，那么比特币将无法扩展。除非核心开发者承认这一方案失败了，并同意提高区块大小限制，或者转向使用完全中心化的托管钱包。就目前的技术而言，闪电网络并不是解决链上费用高昂的方案，也无法让普通人使用比特币进行日常交易。支付渠道是一项很好的技术，但不是扩展的解决方案。它们或许对微支付有帮助，就像中本聪所设想的那样，但不适用于日常交易。或许未来会开发出某种新技术来拯救比特币。目前，践行着原始愿景的比特币现金（BCH）仍然是快速、廉价、点对点的最佳支付系统。BCH设计简单，手续费低廉，无需用户运行自己的节点，也不需要支付枢纽，且不反对在BCH上构建二层网络。事实上，大区块能更好的赋能二层网络。

我希望闪电网络能取得成功，让世界变得更美好。但目前看来，希望渺茫。所有迹象都表明它已经失败了，这也是核心开发者的失败。比特币最大化主义者把这项技术作为链上交易的替代方案是完全行不通的，并误导了数百万比特币用户。

没有比这更有效的破坏比特币的方法了。短短几年内，比特币从互联网上最好的支付系统变成了一个慢速、昂贵、不可靠的系统。中本聪如此精妙的设计被束之高阁，取而代之的是一种炙手可热却尚未成熟的技术。这种失败既有可能是无心之失，也有可能是恶意为之。比特币的故事或许透露只是管理有误，但考虑到这种技术的颠覆性力量，比特币更有可能是被其敌人有意破坏。

第二部分

劫持比特币

第十章

代码权限

人们通常认为比特币是无法人为干涉的，就像物理定律一样无法腐蚀。比特币网络规模庞大且去中心化，无论多么强大的团体都无法控制它。《比特币标准》这本书写道：

比特币的价值不依赖于世界上任何的物理存在，因此永远不会被政治或犯罪世界的物理力量所阻碍、摧毁或罚没。考虑到21世纪的政治现状，这项发明的意义在于，自现代国家出现以来，个人首次有了一种明确的技术手段来规避政府的金融权力[1]。

这种理念很美好。我衷心希望比特币能这样运作，但不幸的是，事实并非如此。比特币同其他项目一样，无法规避个人和机构的腐败。社会和政治因素自始至终都极其重要。

审视现实

随着托管钱包的发展，没收比特币资产变得易如反掌。这种现象层出不穷。鉴于区块链的透明性，政府可以将特定的币标记为

---

1 Ammous, The Bitcoin Standard, p. 200

可疑地址并在公开账本中追踪它们。如果这些币存放在中心化交易所，交易所会冻结相应的账户并通知有关部门。随后，这些有问题的币就会被没收了。即使这些币没有转移到中心化交易所，它们也很可能是从某个中心化交易所转出来的。根据交易所的KYC（实名认证）规定，政府可以获取至少一个接触过这些币的个人身份，从而通过监视区块链来追踪该个体的链上活动，并由此来推测出他的交易对象。在涉及比特币的重大犯罪案件中发生过这种事情，我们没有理由认为这不会发生在日常用户身上。

有些人认为比特币是对抗政治威胁的"终极技术解决方案"，这是不切实际的。一旦政府对你有所怀疑，就会对你展开调查，并要求你交出财务记录、私钥和电子设备。如果你拒绝，他们会进入你的家，监禁你并没收你的财产。比特币不能将你从物理世界中解放出来，也不能防止政府用暴力手段胁迫你。懂技术的用户或许能够避免他们的储蓄被没收或摧毁，但普通用户将面临很大的挑战。

使用非托管钱包可以最大化地实现比特币的金融自由。虽然有时候不尽人意，但当普通用户可以低成本地访问区块链而无需中心化钱包或交易所时，政府追踪和没收币的能力会大大降低——这类似于使用实物现金。使用现金交易要比使用银行或PayPal等支付商更难追踪，这就是为什么各国政府希望民众放弃现金，使用他们可以控制的数字货币。这也是为什么点对点数字现金是一个如此革命性的概念：它赋予普通人更多的权力，同时能享受电子货币的便利性。

比特币的治理

同"数字黄金"和"价值存储"的概念一样，比特币被广为传颂的"去中心化"更多的只是一种营销口号而非现实。事实上，一个小团体不顾大部分人的反对，劫持了整个项目，这是比特币最为重要的一段历史。这个小团体就是软件开发人员。他们的权力和影响力凌驾在其他团体之上。维护和更新比特币代码的人对网络拥有最大的影响力。对于大多数加密货币项目，包括比特币，都是开发人员说了算。值得注意的是，软件开发人员无法自力更生。他们必须以某种方式获得报酬。因此，开发者如何做出决策和获得报酬将决定加密货币生态内谁真正拥有权力，谁能真正决定项目的运营。BTC的历史警示我们，一旦开发人员的激励与网络上的其他人员不一致，灾难就随之而来。

众所周知，比特币是一个"开源"项目，这意味着所有代码都是公开的，任何人都可以查看、使用和修改它而无需获取许可。经常有人利用这一特点来声称比特币不由中心化权威控制。比特币开发听起来像是一个开放和择优录用的过程，即只要你写的代码好，就会被自动纳入软件中[2]。bitcoin.org网站上也写着，"比特币是自由软件，任何开发者都可以为该项目做出贡献。"但事实并非如此。严格的等级制度决定了哪些代码会被添加到软件中，并且特定的个人有权批准或拒绝代码更改。如果你与这些人有不同的理念——例如，你同意中本聪的观点，认为应该提高或取消区块大小限制——那么无论你写的代码多么好，都不会被采纳。

---

2 "Bitcoin development", BitcoinCore, August 18, 2023, https://bitcoin.org/en/development

想要贡献代码，就必须说服掌权的人。如果他们不喜欢你的想法，或者单纯不喜欢你个人，就会忽略你的贡献。比特币开发也是一种社会现象。与其说"任何人都可以为项目做贡献"，不如说"任何同意少数核心开发者的理念和他们对比特币的愿景，接受他们的开发过程和等级制度，并得到他们认可的人才可以提交代码以供他们评估！"但这听起来不像去中心化，不是吗？在2022年末的一次国会听证会上，美国大学的Hilary Allen教授精辟地总结了这种情况。她告诉美国参议员：

通常来说，我们之所以听到"加密货币不同"，是因为它是去中心化的。但实际上并非如此。无论是哪一个层面，都有人为的干预。实际上，比特币由少数核心软件开发者控制——大概不到十个人——他们可以更改软件，然后由矿池实施这些软件，而矿池也只有几个。在这些不同的领域，都是少数人说的算[3]。

她说的没错，虽然这否定了关于比特币软件开发的常见叙述。那些坚持认为比特币不是中心化的人或许会反驳道'技术上，任何人都可以下载比特币的源代码，并在自己的计算机上修改它'。这是真的，但具有误导性。更改你计算机上的代码并不会更改其他人运行的代码。要是你修改了错误的部分，比如区块大小限制，你会立即被从网络中分叉出去。大约99%的行业使用的"官方"软件是由少数拥有代码权限的人控制的。他们决定如何添加、删除和修改代码给其他所有人使用。

---

3 Level39 (@level39), Twitter, December 15, 2022, https://twitter.com/ level39/ status/1603214594012598273

代码权限的继任者

比特币核心软件开发存在治理并不是坏事。决策本该以某种方式做出。如果任何人都可以随意更改代码，没有软件项目可以成功。但是，既然现在有数千亿美元的资金都与比特币网络息息相关，谁可以更新代码？如何更新？这些问题就变得至关重要。

比特币核心开发的权限经历了一个特定的演变过程。2009年1月，中本聪是比特币网络的治理负责人。所有代码更改都必须得到他个人的批准，没有人反对他的权威。在2015年的一次采访中，Gavin Andresen回忆了早期的治理过程：

如果你回顾历史，最初真的很简单。由中本聪做所有的决策，这就是治理的起点。我们有一个源代码。我们有一个化名/人做关于'比特币应该是什么'、'它应该如何演变'、'它应该做什么'的决策[4]。

到2010年底，中本聪决定由其他人来接管这个项目。他选择了跟他对比特币有相同的愿景的Gavin。2010年12月19日，Gavin在论坛中写道：

虽然我个人并不情愿，但有了中本聪的祝福，我会更积极地进行比特币的项目管理。请大家给予我耐心；我有很多在初创公司进行项目管理的经验，但这是我参与的第一个有一定规模的开源项目[5]。

4 Epicenter Podcast, "EB94 – Gavin Andresen: On The Blocksize And Bitcoin's Governance", Youtube, August 31, 2015, https://www.youtube. com/watch?v=B8l11q9hsJM
5 Gavin Andresen, "Development process straw-man", Bitcoin Forum, December 19, 2010, [https://bitcointalk.org/index.php?topic=2367. msg31651#msg31651

Gavin成为了中本聪的"继承人",并担任领导维护者直至2014年。与中本聪不同的是,他并不是唯一一个可以做出代码更改的人,因为早期他决定给予其他几个人这个权力。他解释说:

中本聪退后并将项目交到我手中后,我做的第一件事就是尝试分权。这样一来,如果我出车祸,项目也能够继续下去。所以这就是为什么现在有五个人有权访问Github的比特币源码树[6]。

Gavin出于好意做出了分权的决定,但不幸的是,这产生了未预见的后果,事后看来这是一个战略错误。他给了几个人"提交访问权"——即更改在线官方代码库的权限——但他们并不都认同中本聪的大区块和低费用交易的愿景。有些人显然认为他们可以设计一个更好的系统。开发者之间的理念差异导致了极端的开发延误,分裂出了不同的派系。最终,一个派系成立了自己的公司,不同的团体演变成了敌对阵营。

2014年,Gavin表示他将从比特币核心的日常维护转向更高层次的研究,并选择Wladimir van der Laan作为他的继任者。Wladimir是比特币代码的积极贡献者,但他最终成为了领导者中最被动的一方,导致某些关键决策未能解决。Mike Hearn在2015年表达了对比特币核心缺乏有力领导的不满:

比特币核心最初是一个传统的开源项目。中本聪是负责人。然后他将责任交给Gavin,Gavin变成了负责人,Gavin又将责任交给Wladimir,Wladimir又成了负责人,这对任何技术项目来说都是正常的。领导者听取人们的意见并做出决策。不幸的

---

6 Epicenter Podcast, "EB94 – Gavin Andresen: On The Blocksize And Bitcoin's Governance", Youtube, August 31, 2015, https://www.youtube. com/watch?v=B8l11q9hsJM

是，Wladimir倾向于不做决策。我不认为他会反对我这种评价。当争议发生时，他选择不作为，希望问题能以大家达成共识的方式自动解决，而当这种情况没有发生时，他选择忽视争议。

因此，比特币核心在过去几年里逐渐演变成了这种共识治理。实际上，这种模式下任何人都有否决权。只要有人反对或提出模棱两可的反对意见，就无法达成共识，也就不会发生变革。这导致了一个巨大的问题：有提交访问权的人喜欢提出复杂的理论和复杂的比特币重新设计提案。而实际的日常开发需求往往被忽视[7]。

这些问题从未得到解决，最终导致Mike在2016年彻底退出比特币项目。他在离开时发表了文章《比特币实验的终局》，这篇文章成为了解比特币理论和历史的必读材料。在文章中，他从BTC的原始设计出发，解释了其治理结构为何失败：

在一家公司里，如果有人不认同组织的目标，可以通过解雇他来解决问题。但比特币核心是一个开源项目，不是公司。一旦有五个开发者同时拥有代码提交访问权，并且Gavin不再做领导者，就没有程序来移除其中任何一个人。也没有面试或筛选程序来确保他们实际上认同项目的使命。

比特币越受欢迎，区块大小就越是接近1MB的上限。虽然开发者之间偶尔会讨论提高区块大小，但它很快变成了一个情绪化的话题。有人指责提高限制太冒险，与去中心化背道而驰等。像许多小团体一样，人们更喜欢避免冲突。提高区块大小的问题被搁置了下来。更复杂的是，核心开发者Greg Maxwell成立了一家公司，并

---

7 Epicenter Podcast, "EB82 – Mike Hearn - Blocksize Debate At The Breaking Point", Youtube, June 8, 2015, https://youtu. be/8JmvkyQyD8w?t=3699

雇佣了其他几个开发者。毫无疑问，这些开发者的观点开始与他们的新老板保持一致[8]。

我认同Mike的分析，并常常思考如果Gavin当初把权力分给其他的开发者，或者他自己是唯一拥有提交访问权的人，或者整个行业完全拒绝比特币核心开发者并选择一个不同的团队，现状会不会有所不同。要知道，在2015年、2016年和2017年，我们是有条件实现的这些的。要理解比特币的开发是如何变得如此中心化的，我们要先来了解比特币核心的起源。

比特币核心的起源

在2013年之前，并没有"比特币核心"这个名称。当时，软件、货币单位和网络都被统称为"比特币"，这导致一个本就令人困惑的项目更加混乱。因此，在2013年11月，有人提议更改软件的名称：

> 为了避免混淆比特币网络和我们在存储库中维护的参考实现（这两个都被称为'比特币'），我们希望重新命名客户端[9]。

这个提议没有引起任何争议。Gavin也表示赞同，并说："现在是更改名称的好时机，就这么做吧。"从那时起，软件被重新命名为"比特币核心"，开发者被称为"比特币核心"的开发者。尽管在随后的几年里发生了很多事情，比特币核心的起源并不存在任何阴谋。

---

8 Mike Hearn, "The resolution of the Bitcoin experiment", Medium, January 14, 2016, https://blog.plan99.net/the-resolution-of-the-bitcoin- experiment-dabb30201f7
9 Lannwj, "Rebrand client to 'Bitcoin Core' #3203", Github, November 5, 2013, https://github.com/bitcoin/bitcoin/issues/3203

中本聪离开后，比特币核心本不应该是比特币协议的唯一软件实现。最初的想法是有多个实现，以便实现比特币的某些特定功能。例如，矿工可能会创建一个专注于快速交易验证的版本，而节点可以专注于其他功能。在2015年的一次采访中，Gavin解释道：

> 人们应该区分这两个概念：一是"比特币"协议，即我们所有人用来交易的系统；二是在Github上存在并有一群人贡献代码的比特币核心开源软件。它们实际上不是一回事。我称比特币核心为"参考实现"，并长期这么称呼它，也就是说比特币协议也有其他实现[10]。

存在多个实现有很多好处。除了可以发现一个团队可能忽略的错误之外，拥有多个实现是防止开发者控制项目最直接的方法。对于一个本该权力分散的项目，允许一个团体控制整个网络的软件开发将是一个重大缺陷。Gavin继续说道：

> 当我们讨论治理时，必须区分'协议如何演变'与'比特币核心（参考实现）如何演变'。我认为这是两个独立的治理过程。但是由于我们我们从定义了协议的源代码开始，很多人并没有做出这种区分。

> 但我认为将协议与源代码区分开来真的很重要。。。我多次提到希望有多个可靠的实现[11]。

Mike也认同这个观点，并认为这是实现真正去中心化的关键。表面上看，Hearn希望像中本聪那样由一个人最终决定软件的做法

---

10 Epicenter Podcast, "EB94 – Gavin Andresen: On The Blocksize And Bitcoin's Governance", Youtube, August 31, 2015,https://www.youtube. com/watch?v=B8l11q9hsJM

11 Ibid

似乎与维持去中心化的项目背道而驰，但他解释了为什么这两个想法是兼容的：

采访者：假设比特币核心继续有这种决定规则的影响力，我觉得有点奇怪。那五个人或许会同意："好吧，让我们把所有权力交给一个人。"如果选择的是Gavin，可能没问题，因为他很理性。但这似乎与整个去中心化系统的理念相冲突。。。

Mike：一点也不。比特币的去中心化并不在于有五个人还是有三个人或两个人，甚至是一个人。如果只看是有几个人掌权，你可以说，'中央银行有一整个委员会来设定货币政策，所以美元是去中心化的。'以这种方式看待系统是没有意义的。

比特币的去中心化来自于每个人都可以审计区块链并自己检查规则。它来自于有一个竞争性的客户端市场，来自于人们可以切换到其他实现并在希望满足他们期望的时候分叉区块链[12]。

在比特币核心开发者明确拒绝增加区块大小限制后，BTC确实出现了其他客户端。行业曾多次尝试升级到其他客户端，但每次这些替代方案都遭到了攻击，支持它们的企业也随之遭殃。拒绝服务攻击、虚假应用评价、大规模审查和社交媒体抹黑运动都被用来阻止人们使用比特币核心的替代方案——这就是为什么BTC中约99%的节点都运行比特币核心软件，而想要大区块的人只能使用比特币现金等替代币种。软件开发未能去中心化，导致一个单一团体完全主导了比特币项目，并在Github上维护单一代码库。

现在，我们已经理解了比特币的设计被做了哪些变动，及其中

12 Epicenter Podcast, "EB82 – Mike Hearn - Blocksize Debate At The Breaking Point", Youtube, June 8, 2015, https://youtu. be/8JmvkyQyD8w?t=3845

心化的开发结构是如何形成的，现在我们可以更清晰地构建比特币的历史了。

第十一章

四个时代

比特币的历史不会只有一个权威的版本。它的故事太复杂了，没有人能了解到全部的真相。我只能分享自己的视角、记忆和个人经历，这些经历与其他早期采用者和从一开始就与这项技术合作的商家相似。在我看来，比特币经历了四个不同的时代，每个时代都有其独特的文化、领导架构、行业发展水平以及与公众态度。这些时代相互交织，没有明确的开始或结束日期，但它们仍然是重构历史、理解当前事态的有效手段。

时代	一	二	三	四
文化	技术大牛和自由主义者	专心求发展	内战	只关注币价
领导架构	中本聪	加文·安德森（Gavin Andresen）	互相对立	Core团队
行业发展	不存在	初期	持续发展	进入主流
公众态度	不了解	怀疑	狂热炒作	成为主流

第一时代：默默无闻（2009年至2011年）

第一个时代的特点是默默无闻。今天围绕比特币的新闻和炒作不断，你们或许很难相信比特币曾常年无人知晓。整个社区只存在于几个网络论坛、密码学邮件列表和小众的自由意志主义圈子。比特币历经多年，才开始获得公众的认真对待。比特币在诞生之初能否正常运行都尚不可知，更不用说能引起国际关注了。哪怕是早期先驱者也把它视为一项前途未卜的技术。2012年，Gavin在他的博客上发布了免责声明：

"虽然我已经反复强调好几年了，但我还要强调下：比特币是一项实验。只投资你亏得起的时间或金钱！[1]"

我的第一个时代始于2010年底。那时我第一次在广播节目Free Talk Live上听说比特币。这项技术听起来好得令人难以置信——快速、廉价、数字货币，不由中央银行发行或受政治力量控制。如果它真如广告宣传的那么好，就可以创造一个新的全球繁荣和自由的时代。所以，我必须了解更多。接下来的十天充满了紧张感，我把所有的空闲时间都用来了解比特币。我上网搜寻每一条关于比特币的信息，包括文章、博客帖子、论坛对话，等任何讨论这项新技术的东西。我一连几晚熬到深夜，只短暂休憩。醒来后，又立即投入研究。

我的投入给我带来了麻烦。虽然我的大脑热爱学习比特币，但我的身体吃不消了。由于废寝忘食，我的喉咙愈发的刺痛。这种状态持续了十天，我的健康状况恶化到无法忽视的地步。我感到筋疲

---

1 Gavin Andresen, "Is Store of Value enough?", GAVINTHINK, July 11, 2012, https://gavinthink.blogspot.com/2012/07/is-store-of-value-enough.html

力尽，甚至无法自己开车去看医生。所以我叫了朋友凯文，让他带我去了医院。医生们问诊过很多酗酒的病人，但我可能是第一个因学习太过投入而住院的人！他们嘱咐我要冷静下来，保障充足的睡眠，并给我打了一针镇静剂。睡了将近二十个小时后，我感觉好多了。第二天我离开医院，继续投入研究（当然，不会像之前那么激烈了）。这就是我与比特币结缘的故事。

虽然早期的先驱者们小心翼翼地看待比特币的前景，但我并不那么谨慎。我认为比特币将改变世界，并确信它会改善数十亿人的生活。我知道自己该买一些，因为如此有价值的发明肯定会涨价。但在那些日子里，购买比特币非常困难。比特币几乎无人知晓，只有少数爱好者在一些不知名的网站上才能交易比特币。

第一个主要的比特币交易所实际上是一个二手网站，最初是用来交易《万智牌》卡片的。与现代的加密货币交易所相比，用户体验并不顺畅。要购买我的第一个比特币，我无法使用PayPal、ACH存款或信用卡，而必须直接汇款到该网站所有者Jed McCaleb的个人银行账户。幸运的是，他兑现了承诺，我以不到一美元的价格买入了人生第一笔比特币。

但是当时，我几乎没地方用比特币，因为没人接受它作为支付方式。因此，我决定让我创办的MemoryDealers.com成为第一个接受比特币支付的公司。我们在线销售电脑配件，并真的成为第一家接受比特币支付的零售商。根据我在电子商务方面的经验，我相信用户对可以在任何地方使用且费用低廉的网络货币的需求会变得巨大——比特币在商业中的使用越多，它的价值就会越高，它就能带来越多的自由。

事实证明，以比特币销售我们的产品是一个不错的决定，因为世界各地的比特币用户都渴望花费这一数字货币。我们的销售额不仅增加了，也积累了更多的比特币。无需个人银行转账，我就可以在线销售商品以换取比特币。不久之后，我们在硅谷挂了一个广告牌，骄傲地宣布"我们接受比特币支付"，后来这个广告牌名气大增。我确信99.9%看到它的人都从未听说过比特币，但这正是我树立这个广告牌的意义。

图4："我们接受比特币支付"的广告牌

在第一个时代的大部分时间里，中本聪提供了主要的意识形态和技术指导。在早期的论坛帖子中，他收到了许多关于比特币设计的问题，特别是关于扩展性的问题，他给出了令人信服的答案，构建了比特币的愿景。此后，这一愿景吸引了更多的人加入这一项目。

第二阶段：发展与乐观主义(2011年至2014年)

第二阶段见证了整个新兴产业的成长以及比特币社区的乐观情绪。在这一时代，一个新的金融系统的基础得以被构建，而我有幸参与其中。这是我人生中最激动人心的时刻之一。虽然我们这些比特币爱好者人数不多，但却拥有一些特别的东西。我们不仅有机会赚钱，还拥有一个改变世界的机会。

那时候还没有真正的商业基础设施；一切都要从零开始。我们需要更多的商户接受比特币，需要更多的交易所来提供流动性，和其他更容易使用的工具。我们需要创建新公司。但在2011年，风险投资行业尚未青睐比特币。所以，我成了世界上第一个比特币初创公司的投资者。那时的市场非常年轻，任何成功的投资都会使个人受益，尤其是那些解决刚需的投资。例如，价格波动是比特币的一个重大问题，商户也因此不愿接受比特币作为支付方式。所以，当有机会参与BitPay的种子轮投资时，我立即抓住了这个机会。BitPay是一家允许商户接受比特币并立即将其转换为法币的初创公司，从而消除了波动风险。他们的服务对获得主流采用至关重要，BitPay也因此成为整个加密货币世界中最重要的公司之一。

其他早期投资包括Blockchain.info，这家公司创建了一个网络浏览器钱包，支持用户无需下载任何软件即可花费和接收比特币。Kraken、BitInstant和Shapeshift使公众更容易获取比特币，而Purse.io则允许用户在亚马逊上花费比特币。尽管别人都称呼我"比特币耶稣"，但我认为自己在比特币历史中的充当了"比特币先驱"的角色，因为我为许多早期公司提供了资金。

这一阶段最有趣的问题是公众缺乏对比特币的认知。我走到哪里都会问人们是否接受比特币。当然，大多数人根本不知道我在说什么。我孜孜不倦地向他们推销。我试图说服每个商户接受这一未来货币，并享受声誉提升的好处。如果他们宣布在线接受比特币，会立即迎来一波新顾客，这些顾客希望有地方花费比特币。早期的比特币爱好者往往急于在商业中花费新货币，因为我们都相信，只要比特币成功发展为一种新形式的货币，我们都会从中受益。如果一家知名公司开始接受比特币，社区会像我们支持的球队赢得世界杯一样庆祝。现如今，一家大公司宣布接受加密货币作为支付方式，几乎不会成为新闻了。但在那时，比特币正在为自己的信誉而战，其公共形象在"宅男怪癖"和"罪犯货币"之间摇摆不定。因此，当像Newegg或微软这样的巨头决定接受比特币时，这真是一个值得庆祝的里程碑。

比特币社区通常和谐统一，大家都相信比特币作为数字现金这一愿景，希望维持低费用交易，支持任何有互联网连接的人都能访问，并且能够扩展以实现大规模采用。Gavin Andresen是主要程序员，Mike Hearn则成为有影响力的技术领导者。他们都抱有同样的愿景。如果你访问世界各地的比特币聚会小组，你会发现所有人都在讲述同样的故事。如果你与最有影响力的企业家交谈，也会听到同样的对话。尽管行业实现了广泛的统一，开发者之间还是出现了一些分歧，一小部分人希望将比特币引向不同的方向。

第三阶段：内战（2014年至2017年）

比特币历史上最重要的时期是内战。实际上，内战影响了整个加密货币行业的发展历程。这个时代是所有历史中最丑陋的，充斥着个人攻击、大规模审查、洗脑式的宣传、社交媒体操控、失败的会议、破碎的承诺以及最终导致网络失败和分裂。在Gavin将Van der Laan任命为比特币核心的首席维护者后，内部派系变得更加巩固，彼此更加敌对，区块大小之争也愈演愈烈。几个关键的核心开发者成立了自己的公司Blockstream。这家公司是迄今为止参与比特币软件开发中最有影响力的公司，并在比特币的决策中发挥了核心作用。如果你在那个时期走访了业内的大公司，你会听到几乎所有人都在批评核心开发者阻碍了比特币的发展并限制其功能。几位著名开发者甚至公开警告称BTC被人劫持了。

在这段时期，行业尽全力保持社区团结并试图扩展技术，多次尝试绕过核心开发者，但最终都失败了。行业组织了几次会议试图达成解决方案。在2016年，Brian Armstrong参加了其中一次会议，并写了一篇文章：

"我认为会议的组织者希望达成某种共识，但到头来很明显，分歧太大了。对话最初集中在各种妥协上，以期解决可扩展性问题。但随着对话的进行，我越来越不关注这些短期解决方案，因为我们面临一个更大的问题：如果比特币核心是唯一一个开发团队，比特币会面临系统性的风险。

虽然核心团队中有一些高智商的人，但在上周末与他们共度时光后，我对他们作为一个团队有些担忧......他们偏好'完美'而非"足够好的"解决方案。如果没有完美的解决方案，他们更愿意无所作为，即使这会将比特币置于风险之中。他们似乎坚信比特币长期无法扩展，任何增加区块大小的尝试都不被允许。

尽管核心团队表示他们同意进行一次2MB的硬分叉，但他们拒绝优先处理这一提案。他们将自己视为网络的中央计划者和用户的保护者。他们似乎愿意看着比特币失败，只要不需要妥协他们的原则。在我看来，比特币目前最大的风险就是比特币核心开发者。"而他们过去对比特币的贡献最大。这可真是讽刺啊！[2]

Armstrong的判断得到了当时绝大多数大经济体参与者的认可，包括矿工们。我也参加过一次会议，并恳求最大的矿工提高区块大小限制。他们强烈赞同应该提高区块限制，但为了避免争议，最终还是服从了核心团队。许多人后来成为比特币现金的支持者。

在这个极度分裂的时期，公众基本上没有察觉到这些情况。2017年底，另一波巨大的投资潮使价格在治理混乱中飙升。一个比特币最终达到了2万美元，而平均交易费用飙升至50多美元，平均交易确认时间超过两周！此后比特币遭遇了历史上第一次反采用浪潮，许多公司由于高费用和不稳定的支付体验而放弃支持比特币。比特币的叙事迅速转为"仅用于储值"的货币，因此不需要低费用。比特币不再是服务于普通人的工具，而过去它对生活在发展中国家的人民尤其有用。现在比特币转为吸引中央银行家并鼓励华尔街进行投机。Blockstream的高管Samson Mow甚至宣称"比特币不是为日常生活费用低于2美元的人设计的[3]"。

2 "What Happened At The Satoshi Roundtable", Coinbase, March 4,2016, https://blog.coinbase.com/what-happened-at-the-satoshi- roundtable-6c11a10d8cdf
3 Samson Mow (@Excellion), Twitter, October 6, 2016, https://twitter. com/Excellion/status/783994642463326208

第四阶段：主流化（2018年至今）

第四阶段始于比特币首次突破$20,000，当时新闻开始不断地报道比特币。那时的炒作情绪空前高涨。CNBC电视台的角落有一个实时播送价格的显示器，即使在无关的节目或广告期间也会追踪比特币的价格——仿佛世界上最重要的金融新闻就是比特币的价格。经过近十年的时间，比特币终于进入了主流金融市场。其他加密货币也享受到了华尔街狂热投机的好处。一种新的筹资模式让一波新的初创公司通过ICO（首次代币发行）筹集了数百万资金。虽然有些有合理的商业模式，但更多的项目没有。

新叙事通过《比特币标准》这样的书籍开始巩固，尽管它在几个关键概念上犯了错误，但仍然获得了广泛的认可。相同的观点在所有重要的讨论频道上被反复提及，使得小区块的理念成为新手学习比特币时能接触到的唯一视角。大区块和区块链的原始愿景被成功地妖魔化，其历史被模糊。

社区文化痴迷于BTC的价格，不再关心其潜在的实用性或用途。每个事件，不管其重要性如何，都根据其对价格的潜在影响来评判，而非其对提高人类自由或福祉的潜力。例如，当萨尔瓦多政府宣布比特币将成为官方货币时，几乎没有人提到他们的政府为其公民设置的是纯托管钱包——这意味着政府将能够通过他们的应用程序跟踪和审查交易，冻结账户，或在需要时没收比特币。从价格升值和炒作的角度来看，国家采用比特币是件好事，但我们现在还不清楚普通萨尔瓦多公民是否会从中受益。

这个时代的一个亮点是加密货币项目涉及到各行各业。来自世界各地的投资者认识到这项技术是金融的未来。信誉问题终于得到了解决。即使BTC不再是一个去中心化的项目，行业本身也是去中心化的，人们有许多竞争币的选项。无论未来哪些项目会妥协，只要自由选择的权利依然存在，市场将决定哪些货币是最好的使用选项。

尽管比特币知名度上升，但主流化时代与2011年有类似的感觉：公众对比特币仍然存在严重的认知问题。公众知道BTC，但他们不了解其原始设计以及大区块的可能性。我再次为这项十多年前让我感到兴奋的技术进行传教！只不过这次市场上不再缺乏信息，而是充斥着大量的错误信息。在所有的炒作和名人代言中，围绕比特币的基本概念仍未被理解。

第二部分的其余章节主要关注比特币转变最大的时间段：2014年到2017年的内战时期。

第十二章

警告信号

　　没有人会天真到以为比特币这样能改变世界的发明会永远默默无闻。无论是公共还是私人，国际金融势力如果置身事外，那么等到加密货币成功后就会追悔莫及。尽管早期比特币社区团结一致，充满了乐观情绪，但早在2011年，就有种种迹象表明事情并非完全没有内部干扰。我记得在2011年，币价飙升到30美元时，Bitcointalk.org论坛被垃圾信息淹没，机器人突然发布无数胡言乱语的帖子，使得整个论坛无法正常交流。那时候就有人在干扰信息传播，但不清楚是谁。

动画视频操纵

　　第一个不容小觑的麻烦出现在2013年5月。那时候的区块大小之争已经展开，即使是最保守的开发者也同意必须增加1MB的限制，关键是何时以及增加到何种程度。各种方案层出不穷。有些人希望逐步增加到2MB、4MB，最后到8MB。还有人提出了根据最新区块的平均大小自动调整区块大小，还有人希望完全取消区块上限。没人认同每秒七笔交易的最大吞吐量，直到开发者Peter Todd

发布了《为什么区块大小限制使比特币保持自由和去中心化》的动画视频。

我认为Peter Todd的动画是比特币历史上第一个有备而来，预算充足的洗脑式宣传。这个视频内容荒谬，很难让人相信它只代表哲学上的分歧。讲述者解释说，为了去中心化，比特币应该永远限制在1MB区块：

"我们有一个增加区块大小的替代方案：链下交易……你仍可以用区块链进行大额交易，但小额交易将由支付处理器处理，这意味着买咖啡这样的小额交易不会堵塞整个系统……"

与一个完全公开的区块链不同，你不能选择谁来挖你的交易，或者信任谁来进行验证。链下交易可以既即时，又私密，而且你可以选择该信任谁。

那么，你能做些什么来保持比特币的去中心化？如果你是矿工，就在保持区块大小限制的矿池中挖矿，并要求你的矿池公开声明这一点。如果你是用户，就拒绝更改比特币软件或增加1MB区块大小，并忽视那些劝你进行交易的人。你该保持比特币的去中心化，并远离现有的公司系统。[1]"

当时这个提议的荒谬程度让人无法忽视。尽管今天这种言论已经司空见惯，但在2013年，即使是像Greg Maxwell这样的小区块支持者也认为这是荒谬的，他写道：

"我对视频的过度简化感到不安……而且我担心未来几年，2MB或10MB或者其他容量都将被证明是完全安全的。也许到

---

1 Keep Bitcoin Free!, "Why the blocksize limit keeps Bitcoin free and decentralized", Youtube, May 17, 2013, https://www.youtube.com/ watch?v=cZp7UGgBR0I

2023年，即使是带有Tor的移动设备也可以运行10MB区块的完整节点，到那时可能会有足够的交易量来维持足够高的费用以支持安全性。也许有些人会顽固地宣传1MB的限制，因为他们看了视频后认为1MB是一个神奇的数字，而不是今天出于保守，做出的权衡。[2]"

其他比特币爱好者在论坛上表达了对该动画的愤怒和蔑视。大家嘲笑的不仅是视频内容，而是这个视频竟然出自Peter Todd，一个内部人士，一个有影响力的开发者。用户在视频的评论区中表达了他们的不安：

"我希望这些蠢货不要通过说服人们保持区块大小来毁掉比特币。这可真是个确保比特币作为一种交易媒介继续保持默默无名的好方法……"

"从0:55开始全是虚假信息，1:28纯属扯淡，2:28信息已经完全扭曲了。"

"这个视频充斥着危险的宣传和营销废话。你被误导了，醒醒吧！"

"这是什么狗屁谎言！？0:45之前还好，其余部分违背了中本聪提议的具有扩展能力的比特币网络，保持这个限制会破坏与用户的社会契约。"

为了理解用户为何谩骂视频创作者，我们来进一步剖析视频脚本，看看它是如何与比特币背道而驰的。比如：

---

2 Gmaxwell, "Re: New video: Why the blocksize limit keeps Bitcoin free and decentralized", Bitcoin Forum, May 17, 2013, https://bitcointalk.org/ index. php?topic=208200.msg2182597#msg2182597

"我们有一个增加区块大小的替代方案：链下交易……你仍可以用区块链进行大额交易，但小额交易将由支付处理器处理，这意味着买咖啡这样的交易不会堵塞整个系统……"

换句话说，他给出的替代方案是不用比特币。依赖第三方处理小额支付违背了数字现金的理念。小额交易不会"堵塞"系统，因为系统就是为此设计的。链上只提供给大额交易使用是变相地让比特币只服务于富人。普通人无法负担每笔$5，更不用说$50或$500的手续费，世界上大多数国家也没有加密货币支付处理的基础设施。

大额交易也更可能受到金融当局的控制和监管，尤其是当人们被迫使用托管钱包时。区块链不会对现有系统有显著改善，因为大多数人不会在没有政府监督的情况下购买汽车、房屋或提取部分退休金。如果比特币不能用作现金，世界上大多数人就不会使用它。视频还提到：

"与一个完全公开的区块链不同，你不能选择谁来挖你的交易，或者信任谁来进行验证。链下交易可以既即时，又私密，而且你可以选择该信任谁。"

我不得不承认，创作者的宣传手段实在高明！他们凭空捏造了一个问题，然后提供他们的解决方案，即不使用比特币。99.9%的用户不在乎谁挖出或验证交易，只要他们的交易能加入区块就行。请记住，用户自己也可以验证自己的交易，而不需要成为完整节点；他们只是不可以验证别人的交易。声称链下交易是真正私密也是错误的。实际上，当前实施的两个链下解决方案——闪电网络和所谓的"侧链"——对于普通用户来说都是高度中心化的。我会在后面的章节来阐述这两种技术为何是失败的。

Peter Todd制作的这一误导性视频是比特币历史上的一个里程碑，而这并不是唯一一件他在2013年引起怀疑的事情。

即时交易？风险太大

数字现金需要具备即时交易的能力。任何加密货币如果需要超过几秒钟的处理时间是无法取得成功的。比特币从一开始就支持即时交易，我每天在公司业务和推广比特币时都是即时转账。尽管这一特性至关重要，一些核心开发者却认为即时交易"风险太大"，试图故意破坏比特币的功能。

我们在第二章中解释过，比特币交易由矿工打包到区块中。每个区块在前一个区块的基础上构建，每增加一个区块就增加了更多的安全性。想象一笔交易刚刚被添加到一个区块中；我们称第一个区块为"区块1"。此时，我们会说这笔交易有了"一次确认"。当区块2被生成时，它会增加区块1中所有交易的安全性，我们会说我们的原始交易现在有了"两次确认"。区块3、4、5等也是如此。传统上，为了拥有极其安全的交易，经验法则是等待六个区块被创建，即六次确认。这平均需要一个小时。

那些已经创建但尚未被添加到区块中的交易被称为"零确认"交易，或简称"零确认"。零确认交易只需几秒钟即可发送和接收，尽管它们本质上安全性较低。不追求完美的安全性在企业家中很常见，但一些开发者认为这是不可接受的。

现在来假设我们通过利用零确认交易来操纵系统。我们有价值

$200的比特币。我们面前有两家商店，Alice的和Bob的，我们想骗取其中一家。我们先走进Alice的商店，购买了价值$150的商品并支付$40的交易费。我们的交易在网络上可见，但尚未被添加到区块中。此时，我们立即走进Bob的商店，花费相同的$150比特币。由于同样的比特币被试图双重花费，所以这两笔交易都不能同时被添加到区块中。只有一笔会被接受并包含在区块链中，这意味着Alice或Bob将被欺骗$150。比特币的设计使得这种情况在理论上是可能的，偶尔会发生双重支付。这是否意味着系统被破坏了？当然不是。

有一个简单的解决方案从比特币设计之初就存在。它被称为"先到先得规则"。矿工和节点保持一个零确认交易的运行列表，这些交易正在等待被添加到区块中。"先到先得"规定，每当有两笔冲突的交易，先看见的那笔交易会被打包进区块。因此，在之前的例子中，$150发送给Alice后，比特币网络已经知道这笔交易，并会拒绝将其双重花费给Bob的尝试。

"先到先得"规则不是强制性的，也没有在协议层面实施。但是矿工和节点都遵循这个政策，因为它允许即时交易。然而，它也允许复杂的理论方案来欺骗商户，例如与腐败矿工合作。尽管有社会和经济激励措施来阻止这种腐败，企业家也能够像对待其他支付方式那样管理这些风险，但是一些开发者认为任何理论上的不安全性都是需要在代码层面解决的设计缺陷。所以，他们想出了一个撤销按钮的想法。

撤销按钮

除了"先到先得"，Peter Todd还提出了"费用替换"（RBF）补丁，即当看到两笔冲突的交易时，手续费更高的交易获胜。因此，在向Alice发送150美元的交易并支付40美元的手续费后，我们在Bob的商店，可以用50美元的手续费花费同样的150美元，比特币网络将接受第二笔交易。这种政策使得双重支付变得容易，严重破坏了零确认交易的可靠性——这正是Todd的目标。在论坛上，Peter Todd发布了名为"提示：零确认不安全；奖励1000美元用于费用替换补丁"的帖子，他在帖子中写道：

"一个名叫John Dillon的人今天早上发邮件到比特币开发邮件列表，提供500美元奖励【后来增加到1000美元】给任何能实现费用替换补丁的人。这是我两天前在邮件列表中提出的一个想法：

无论如何，更紧迫的问题是……在交易广播后更改附加的费用……

我越是思考这个问题，就越觉得我们应该从根本上解决零确认的安全问题：改变中继规则，使交易基于费用替换，无论这如何改变交易输出。当然，这确实使双重支付尚未确认的交易变得易如反掌。另一方面……这让我们能够实现一个有限的'撤销'按钮，在用户犯错时可以补救……

我们一再强调不要接受零确认交易，但人们还是这样做，因为它看起来很安全。但这是非常危险的……

无论喜欢与否，当你不信任对方时，零确认确实是危险的。我提及费用替换是想要提醒大家当我们感到自满时，正是风险要降临的时候。区块链和工作量证明就哪些比特币交易是有效的达成了共识，信任任何其他东西都是不可靠的。[3]"

让我们审视下Todd的论点逻辑。他提出用户交易被无法被确认的问题，而实际上是因为这些交易支付了极低的手续费，甚至是零费用。讽刺的是，当区块变满并且费用在2017年飙升时，未确认的交易变成了一个大问题。用户的交易需要几天甚至几周的时候才能被确认，那时RBF确实被用来"解锁"这些交易。正因如此，在小区块、高费用和不可靠的交易状态下，RBF开始变得合理。

Todd提到了真正的问题：在他看来，零确认交易不够安全，而不知情的用户根本没有意识到这一点。因此，为了防止人们依赖零确认交易，RBF会彻底破坏这一功能。因为按照他的说法，如果矿工决定实施类似RBF的东西，零确认交易无论如何都会被破坏。换句话说，比特币的即时支付功能需要由开发人员在软件层面上破坏，以免将来来矿工破坏它。我这么说并没有夸大Todd的想法。这个补丁的神秘资助者John Dillon解释道：

"我提供这个奖励不是因为我认为撤销按钮很重要……是因为Mike Hearn这样的人会非常乐意在双重支付成为大问题时拼命搞砸比特币……通过现在破坏零确认的安全性，就不会担心未来去实施Mike搞的集中化的垃圾。最受影响的将是Satoshidice，他们本来也不应该像现在这样使用比特币。[4]"

2015年，当这场辩论仍在进行时，著名程序员Bram Cohen

---

3 Peter Todd, "Reminder: zero-conf is not safe; $1000USD reward posted for replace-by-fee patch", Bitcoin Forum, April 18, 2013, https:// bitcointalk.org/index.php?topic=179612.0
4 Peter Todd, "Reminder: zero-conf is not safe; $1000USD reward posted for replace-by-fee patch", Bitcoin Forum, April 18, 2013, https:// bitcointalk.org/index.php?topic=179612.0

表示：

　　"说零确认不起作用是一种过度简化。零确认可以正常的运行。但是如果大规模普及零确认，就会有人利用它的漏洞。比特币开发应该循循渐进地放弃零确认，等到灾难发生再补救就太迟了。[5]"

代码之外的解决方案

　　软件开发人员试图用软件解决问题并不令人意外。但如果不加以控制，这种倾向可能会变得目光短浅，正如Gavin Andresen所说，"工程师常常见树不见林。他们会深究于细节，而无法把握大局。[6]"大局是比特币代码之外的世界。企业家们数千年来一直在用远不如加密货币的技术解决不完美的支付安全问题。拥有实际经验的工程师Justus Ranvier在回复Peter Todd关于RBF的论坛帖子时写道：

　　"安全问题被不恰当地看成了一个二元概念。我们使用信用卡消费，从比特币的角度来看，需要90天来确认交易。现实世界中交易的数万亿美元，其安全性同比特币的零确认不相上下。接受零确认交易是风险管理和商业规划的问题，而不是'安全'与'不安全'的简单对立。"

5 Bram Cohen, "The inevitable demise of unconfirmed Bitcoin transactions", Medium, July 2, 2015, https://bramcohen.medium.com/the- inevitable-demise-of-unconfirmed-bitcoin-transactions-8b5f66a44a35
6 Gavin Andresen, "A definition of "Bitcoin"", GAVIN ANDRESEN, February 7, 2017, http://gavinandresen.ninja/a-definition-of-bitcoin

他在其他地方写道:

"你虚拟游戏玩多了，忘了商户和矿池运营者是有感知、有智慧的生物，而不是自动机。如果零确认双重支付的风险值得花费资源来减少或消除，那么商户自然会找寻找解决方案。[7]"

确实，加密货币支付处理商非常清楚双重支付的风险，并且有各种管理方法。最简单的办法是支付处理器为客户承担风险，而商家支付一笔费用来接手比特币支付——相当于买了一份支付保险。或者他们可以要求客户使用特定的钱包来支付商品，这使得执行双重支付变得更加困难。在没有RBF的情况下，进行双重支付是困难的，没人会为了偷取小额资金而大费周折；但对于大额消费，可能需要客户等待一两个确认。实际上，像SatoshiDice这样提供比特币赌博服务的公司已经实施了一个系统，允许小额交易的即时交易，但大额交易需要确认。

零确认交易对于实体店支付尤其重要。鉴于只有极少数的客户会试图在面对面交易中偷窃，一些商户可能会自己承担双重支付的风险。传统的降低欺诈或盗窃的选择仍然有效，比如如果商家安装了摄像头，能够获得犯罪分子的录像。这些只是解决零确认安全问题的一些想法。我相信，如果双重支付真的成为一个问题，更好的解决方案必然会出现。市场在发现和管理风险方面非常出色。

费用替换（RBF）引发了许多人的反对。Coinbase的工程师Charlie Lee表示:

"Coinbase完全认同Mike Hearn。RBF是不合理的，对比特币

---

7 Etotheipi, "Re: Reminder: zero-conf is not safe; $1000USD reward posted for replace-by-fee patch", Bitcoin Forum, May 09, 2013, https:// bitcointalk.org/index.php?topic=179612.80

是有害的。[8]"

早期的比特币核心开发者Jeff Garzik也同意:

"让我再重复过去的声明,Peter的费用替换提案不过是重新命名了以前的提案,这对当前的网络是一种反社会行为。[9]"

Gavin Andresen更是直截了当地说:

"费用替换是一个糟糕的主意。[10]"

甚至对比特币产生重大影响的Adam Back也表示:

"我同意Mike和Jeff的看法。摧毁零确认交易是一种破坏行为。[11]"

然而,RBF在2015年底被成功地添加到比特币核心。目前,RBF交易是通过一个特殊符号来标记的。因此商户如果留心,可以拒绝接受它们,但开发人员目前正在讨论是否要更改这个默认设置。如果这个标志被移除,BTC上的零确认支付将彻底丧失安全性。零确认支付被认为是比特币现金的重要功能,开发人员一直在积极研究如何进一步提高其安全性和可靠性。

洗脑式宣传

尽管围绕RBF的争议不断,但如果你试图研究它,只能找到误导性的信息。在比特币核心网站上,可以找到关于RBF的问答部

8 Mike Hearn, "Replace by fee: A counter argument", Medium, March 28, 2015, https://blog.plan99.net/replace-by-fee-43edd9a1dd6d
9 Ibid.
10 Ibid.
11 Ibid.

分。有一个问题是:

"选择内置RBF的拉取请求(PR)存在争议吗?""一点也没有。在长达数月的非正式讨论后,PR于2015年10月22日被提出。在至少四次比特币开发周会展开了讨论……在PR讨论中,共19人发表了评论,包括至少三个不同钱包品牌的开发人员,14人明确同意更改,包括一个过去反对RBF的人。PR开放期间,我们没有在PR或其他地方收到明确的反对意见。[12]"

这种回复措辞谨慎,使得一般读者会认为RBF不存在争议。要注意,问题是关于"拉取请求"(PR)的,而不是RBF的整体概念——也就是说,如果你只看Github上那次特定操作的评论区,大多数人都表示认同。但这仅仅是因为大家是在其他平台上争论的。涉及的日期也具有误导性。他们声称非正式讨论从2015年末开始延续"数月"[13],但正如Bitcointalk.org论坛帖子所示,RBF早在2013年就被激烈讨论过了。

问答部分说,"PR开放期间,我们没有在PR或其他地方收到明确的反对意见。"但拉取请求是在2015年10月提出的!而Mike Hearn早在2015年3月就在自己的网站上撰写了一篇反对文章,批评费用替换,比拉取请求早了七个月。

还有一个部分写道,"我听说添加RBF是在几乎没有讨论的情况下添加的",并使用了一系列"2015年5月以来RBF的讨论"链接。它完全忽略了RBF仅在两个月前还是一个正在酝酿的争议。开

12 "Opt-in RBF FAQ", BitcoinCore, August 18, 2023, https:// bitcoincore.org/en/faq/optin_rbf/

13 Mike Hearn, "Replace by fee: A counter argument", Medium, March 28, 2015, https://blog.plan99.net/replace-by-fee-43edd9a1dd6d

发者对信息的这种谨慎控制旨在误导比特币新人，使他们难以发现历史的真相。

约翰·狄龙到底是谁？

比特币的历史上出现过很多神秘人物，首先是其未知的创造者中本聪。但中本聪并不是唯一的神秘人物。约翰·狄龙（John Dillon）是另一个，关于他的事情知之甚少。狄龙提出谁能实现Peter Todd提出的按费替换补丁，就支付谁1000美元的报酬。事实证明，狄龙还付费给Todd制作那部臭名昭著的"1MB永远"的动画视频。当Todd宣布他在制作视频时，狄龙写道：

"你将这个信息带给人们非常重要。比特可不止存在这个小论坛上……我预计很多比特币活动不在乎比特币是不是支付系统。Peter提到的丝绸之路非常棒。我认为这是一个链下交易系统。[14]"

作为一个严肃的比特币投资者，我也关心价值存储，而不是愚蠢的小额支付，我相信我的合作伙伴也有同样的感觉。我们认为比特币的价值与其是否是支付系统关系不大。"

那部臭名昭著的视频上线后，狄龙写道：

"我终于有机会看到你的新视频了。这是一部专业的作品，你做得很好。你很快就会再从我这里得到2.5BTC。很高兴看到你得到了一笔10BTC的大额捐款，其地址上拥有125个BTC！这真的说明了一些问题，你获得的大部分捐款都来自拥有大额比特币的地址，

---

14 Peter Todd, "Bitcoin Blocksize Problem Video", Bitcoin Forum, April 28, 2013, https://bitcointalk.org/index.php?topic=189792.msg1968200

目前大约有是250个BTC。这表明那些在比特币中投入最重的人是最不愿意看到集中化和监管的。继续战斗吧。[15]"

狄龙并不仅仅是一个热情的小区块支持者。他与一些核心开发者有广泛的对话，某次Gavin Andresen评论说，"我开始怀疑Dillon是一个专业喷子，他的真实意图是破坏比特币。[16]"

Gavin的怀疑是可信的。2013年11月，一些愤怒的比特币爱好者黑了Dillon的Bitcointalk账户，发布了一个题为"John Dillon，我们也能玩泄露，你这该死的喷子。"帖子包含了一个链接，指向狄龙的私人通信存档，以及其他开发者和他的对话。泄露的信息都是真实的。狄龙似乎在与Todd协调资助多个项目，这些项目会把比特币转变为一个昂贵的结算系统。Peter Todd显然知道人们已经开始怀疑他与狄龙的关系。在一次IRC聊天中，Todd和Greg Maxwell写道：

"<petertodd>大家都知道我和John'认识'，我希望我能把PGP签名在他的密钥上以表明这种关系的性质。<gmaxwell>（我想有一半的人认为你和John是同一个人。）

<petertodd>哈，我知道，我承认他有时让我有点毛骨悚然……他狂热地阅读我所有的帖子。"

但最有趣的一次交谈无疑是狄龙与Todd之间的一封邮件，其中狄龙声称自己与情报界有关，他说：

---

15 Benjamindees, "Re: New video: Why the blocksize limit keeps Bitcoin free and decentralized", Bitcoin Forum, May 18, 2013, https://bitcointalk. org/index. php?topic=208200.20

16 User <gavinandresen>, IRC chat log, August 30, 2013, http://azure. erisian.com.au/~aj/ tmp/irc/log-2013-08-30.html

"我只是想说明，这些关于Tor的事情让我担忧……请不要公开，我的日常工作涉及情报，我身居高位。几年前我带着非常不同的想法进入这个工作。最后，嗯，实际上是过去十年，真的改变了这个领域许多人的想法，虽然方式有所不同。我自己站在斯诺登和阿桑奇的一边，但是……当你有家庭时，你愿意成为烈士的意愿就会减少。我的许多同事也是如此。希望我对比特币的支持能弥补我们造成的一些损害，但我需要小心，无法采取所有必要的预防措施来沟通。如果我被发现以这种方式参与比特币生态，后果可想而知……"

Todd似乎忧虑地回应：

"我把你的身份告知了一个朋友，他是前特工，非常清楚这个行业对保留道德感的人的危险。他强烈建议你考虑自己和家人的安危，停止你正在做的事情。我信任他的判断，更重要的是，他是有道德的人。你要小心点。我建议你认真考虑你所做的事情是否对你的目标有足够的帮助——我无法为你回答这个问题。[17]"

这些邮件读起来像间谍小说中的情节。我们无法知道狄龙是否在说真话，但值得注意的是整个情况有多么可疑。"John Dillon"是一个未知人士的化名，他赞助核心开发者Peter Todd制作一部视频，宣传将比特币的吞吐量限制在每秒七笔交易。他提供赏金开发费用替换，其目的是"破坏零确认的安全性"——即破坏即时交易功能。Gavin Andresen公开推测狄龙有破坏比特币的隐秘动机，后来泄露的邮件显示狄龙声称自己在情报机构中担任高职

---

17 "Untitled", Pastebin, November 16, 2013, https://web.archive.org/ web/20131120061753/ http://pastebin.com/4BcycXUu

（但他也声称自己改变了心意，真心希望比特币成功！）所有这些事情都发生在这项历史上最具革命性的金融发明，挑战了世界各地的政府、金融和银行权力。读者可根据以上信息自行得出结论。但在我看来，到2013年底，比特币已经成为（政府）捕获的目标。

第十三章

屏蔽信息传播

开源软件因缺乏直接的商业模式而备受争议。程序员们通常不清楚他们该如何变现，尤其是当他们的产品是免费开放给公众的。一些项目会要求用户自愿捐款。另一些项目则为公司和机构提供高级支持。加密货币项目特别棘手，因为软件本身就是一种金融产品。任何错误都可能直接影响到数百万人的资产。不同的团队尝试了不同的策略来为自身开发融资。简单的捐赠模式对某些项目有效。其他项目在创建时就预留大量币来成立一个监督开发的基金会。一些项目直接将部分区块奖励分配给程序员。总之，行业尝试过很多创新的模式。

比特币开发也面临开源项目无法融资的问题。鉴于其能改变世界的重大意义、项目规模和复杂性，每种融资模式都引发了争议——这是有充分理由的，因为整个系统的完整性依赖于开发者如何获得报酬。资金和治理密切相关，开发者之间潜在的利益冲突是一个关键威胁，因为腐败一个项目最简单的方法就是腐败其资金机制。

比特币基金会

与今天的许多开发团队不同，比特币最初是一个靠志愿者维系的项目。随着关注度的增加，志愿者如何获得报酬成为了大问题。2012年，生态首次尝试围绕软件维护创建更正式的组织，比特币基金会由此诞生，其模式是仿照Linux基金会。比特币基金会接受来自大公司和其他利益相关者的捐款。我本人也捐款并成为了创始董事会成员。其最重要的目标是为Gavin Andresen作为比特币核心的首席科学家和首席维护者提供资金。在接受《纽约客》采访时，Andresen解释道：

"Linux基金会为Linux提供了一个中心，并为首席开发者Linus Torvalds支付薪水，使他能够专注于核心事务……一旦开源项目达到一定规模，如何维持自己是件棘手的事情。Linux是世界上最成功的开源项目，所以我们认为使用它作为模型是有意义的。[1]"

基金会的另一个目标是改善比特币在监管机构和公众中的声誉，因为当时它经常被抹黑为罪犯的货币。Andresen在2014年初辞去了首席维护者一职，专注于科学研究和比特币基金会的职责。同年4月，他写道：

"几年前，我为'比特币'创建了一个Google学术提醒。如果每月能收到一个提醒，我就很高兴。今天，我发现越来越难跟上所有与比特币和其他加密货币相关的计算机科学或经济学论文；就在上周，谷歌给我推送了30篇我可能会感兴趣的新论文……

1 Maria Bustillos, "The Bitcoin Boom", The New Yorker, April 1, 2013, https://www.newyorker.com/tech/annals-of-technology/the-bitcoin-boom

先说明下：我不会离场；我仍然会编写和审查代码，并就技术问题和项目优先事项提供意见。我喜欢编程，我认为只要我能跟得上现实世界的工程进展，而不是只专注于能让白皮书显得更漂亮的理论知识，我作为首席科学家这一身份最为有效。[2]"

不幸的是，Andresen没能争取到太多时间，基金会就因管理不善、缺乏透明度和一系列丑闻而瓦解。到2014年底，该组织陷入瘫痪，部分董事会成员陷入法律纠纷。2015年4月，基金会实际上已经破产，无法筹集足够的资金继续支持开发[3]。因此，在当月晚些时候，Andresen加入了麻省理工学院数字货币计划的新项目，他将继续与另外两名核心开发者Wladimir van der Laan和Cory Fields一起维护比特币[4]。

随着比特币基金会的失败，以及Van der Laan作为首席维护者的加入，比特币将在接下来的三年中缓慢偏离其原始愿景。如果基金会成功，这种转变是否可能发生尚不清楚。在反思这个问题时，Mike Hearn写道：

"从哲学上讲，加密货币的一个问题是，对去中心化的践行往往被解释为（或被扭曲为）反对任何形式的机构和过程。我和Gavin参与了比特币基金会的建立，但它却止步不前。部分原因是设立得

2 Gavin Andresen, "Bitcoin Core Maintainer: Wladimir van der Laan", Bitcoin Foundation, April 7, 2014, https://web.archive.org/ web/20140915022516/https:// bitcoinfoundation.org/2014/04/bitcoin- core-maintainer-wladimir-van-der-laan/
3 Oliver Janssens, "The Truth about the Bitcoin Foundation", Bitcoin Foundation, April 4, 2015, https://web.archive.org/web/20150510211342/ https://bitcoinfoundation.org/forum/ index.php?/topic/1284-the-truth- about-the-bitcoin-foundation/
4 Gavin Andresen, "Joining the MIT Media Lab Digital Currency Initiative", GavinTech, April 22, 2015, https://gavintech.blogspot. com/2015/04/joining-mit-media-lab-digital-currency.html

太快，加入了太多奇怪的人，但主要是因为伪自由主义者认为比特币不应该有基金会或正式化的开发过程而倾向于摧毁这一基金会。

这并没有给社区带来去中心化的乌托邦，而是带来了一个模糊、非正式的开发小圈子。在幕后操控者的鼓动下，一些人试图将个别立场定义为'共识'并开始收买人心。如果社区能够维护Gavin试图采用的那套制度来组织社区探索，事情可能会有所不同，因为它将有更强的内部抵抗力来防止被劫持。[5]"

虽然比特币基金会的失败意义重大，但最重要的软件开发结构变化发生在2014年末：一些核心开发者成立了自己的公司Blockstream。

Blockstream的成立

Blockstream是比特币历史上最具影响力的公司。该公司的联合创始人包括Adam Back、Gregory Maxwell、Pieter Wuille、Matt Corallo、Mark Friedenbach、Jorge Timón、Austin Hill、Jonathan Wilkins、Francesca Hall和Alex Fowler。与比特币基金会不同，Blockstream成立时为营利性公司，这立即引起了其他比特币爱好者对其商业模式的好奇。在Reddit的"AMA问答"环节中，Greg Maxwell被问到关于公司的商业模式，他给出了一个笼统的回答：

"我们认为行业（不仅仅是比特币，而是整个计算机领域）

5 "The philosophical origins of Bitcoin's civil war (Mike Hearn, written 2016 but released 2020)", Reddit, December 13, 2020, https://www.reddit. com/r/btc/comments/kc2k3h/the_ philosophical_origins_of_bitcoins_civil_ war/gforyhb/?context=3

在加密强信任技术方面存在空白……在这个领域中构建和支持基础设施存在巨大的商业潜力，有些与比特币相关，有些则不相关。例如，我们可以作为技术和服务提供商，帮助企业迁移到类似于比特币的运作方式上去。目前，我们把重点放在建立基础设施上，以便后期建立我们希望拥有的营收型业务。我们希望能将其循环投入到构建更多优秀技术中。6"

Blockstream在创建营收型业务方面取得了成功，但这也导致了严重的利益冲突。它不仅没有建立基础设施，反而削弱了基础设施，并且现在寻求付费来获得解决方案。Maxwell被雇来处理关键基础设施可真是太讽刺了，因为他之前甚至认为比特币所使用的关键技术机制是不可能成功的：

"比特币刚诞生时，我也是加密邮件列表上的一员。我觉得可笑。因为我已经证明去中心化共识是不可能的。7"

当Blockstream最初成立并进行了第一轮融资时，我认为这是一种好迹象，表明更多的投资者正在发现比特币。但随着时间的推移，事实开始浮现水面，他们最大的投资者来自传统银行业，我和无数其他比特币爱好者一样变得更加警惕。现在，回过头来看，我认为Blockstream的成立是内战时代的开端。公司成立后不久，社区文化开始变质，持不同观点的人开始敌对，小区块信仰者变得更加高调和激进。Blockstream工程师开始坚称比特币不能按最初

6 Adam3us, "We are bitcoin sidechain paper authors Adam Back, Greg Maxwell and others", Reddit, October 23, 2014, https://www.reddit.com/r/ IAmA/comments/2k3u97/ we_are_bitcoin_sidechain_paper_authors_ adam_back/clhoo7d/
7 Daniel Cawrey, "Gregory Maxwell: How I Went From Bitcoin Skeptic to Core Developer", CoinDesk, December 29, 2014, https://www.coindesk. com/markets/2014/12/29/gregory-maxwell-how-i-went-from-bitcoin- skeptic-to-core-developer/

设计的方式扩展，在线论坛也开始出现审查现象。首席开发者Van der Laan想要避免冲突，于是采取了消极态度来维持现状。核心开发者坚持认为在他们需要达成"共识"才能提高区块大小限制，实际上他们对扩展协议持有完全否决权。

为什么一群开发者会成立一个公司来接管比特币，然后阻止它扩展？答案很简单：他们的商业模式依赖于比特币不扩展其基础层。比特币能做的越少，Blockstream能做的越多，而他们可以收费提供这些服务。

商业模式

Blockstream成立后不久就引发了无数阴谋论，其中不乏合理的质疑。多年来，人们一直推测核心开发者的奇怪行为无非关乎利益——Blockstream或其投资者通过限制比特币来获利。但今天，这不再需要猜测。在《福布斯》采访中，公司首席执行官Adam Back分享了他们如何盈利，他说："Blockstream计划向企业出售侧链，收取固定的月费，收取交易费，甚至销售硬件。[8]"

什么是"侧链"呢？公司的白皮书做此解释：

"我们提出了一种新技术：挂钩侧链，它支持比特币和其他资产在多条链上进行转移。这使用户能够使用他们已经拥有的资产去访问新的加密货币系统。通过采用比特币，可以在多个系统之间实现交互，避免与新货币相关的流动性短缺和市场波动。由于侧链是

独立的系统，技术和经济创新不会受到阻碍。[9]"

换句话说，侧链试图通过连接一个账本上的条目与另一个账本上的条目来链接不同的区块链。这个想法很好，理论上可以允许更具创造性的实验。不同的规则和网络可以在不同的账本上运行，但仍然与比特币保持互操作性。这就是为什么侧链被提议作为扩展比特币的替代方法，因为不同的项目可以挂钩到比特币区块链，而不需要直接建立在比特币上。

让我们用一个例子来解释侧链。假设有一条新链，专用于支付纳米比特（NanoBits或"NBT"）的交易——这比比特币的初始设计还要小。NanoBits可以集成为比特币的侧链，用户通过锁定比特币来换取NBT。例如，锁定0.001BTC可以解锁十亿个NBT。如果用户想换回到BTC，可以将十亿个NBT换回BTC。只要代码不出错，这种类型的系统将实现更多的创新，因为侧链可以在完全不同的规则下运行，允许不同的开发团队进行实验，而无需说服整个社区。此外，这种创新不会破坏主链，因为任何失败和缺陷将被隔离在侧链中。理论上，侧链是这样运行的。但在实践中，就是另一回事了。

我对侧链很感兴趣，也资助了Paul Sztorc领导的DriveChain项目在BTC上的开发。与任何项目一样，落实一个功能要远比想出一个新点子困难得多。

如果做得正确，侧链无需信任中心化的权威，这就是

9 Adam Back, Matt Corallo, Luke Dashjr, Mark Friedenbach, Gregory Maxwell, Andrew Miller, Andrew Poelstra, Jorge Timón, and Pieter Wuille, "Enabling Blockchain Innovations with Pegged Sidechains", October 22, 2014, https://blockstream.com/sidechains.pdf

DriveChain项目正在尝试做的事情。Blockstream也推出了侧链，称为"Liquid Network"，但它的工作方式非常不同。Liquid Network是一个"联合"的侧链，一个中心化的侧链，一种另类。该网络的安全基于信任一个小的、精心挑选的团体，被称之为Liquid联盟。

"Liquid联盟是一个包括加密货币交易所、交易台、基础设施公司、游戏开发商等在内的加密货币企业团体。联盟会践行Liquid Network运营中的关键任务。[10]"

目前，这个联盟只有十五个成员。一旦超过三分之一的成员作恶，网络的安全性将被破坏，用户可能会失去他们的钱。该网络不仅是中心化的，而且在将BTC换成Liquid代币后，用户不会再使用比特币网络。相反，你使用的是Blockstream的专有Liquid Network，并且每一笔交易费都进入了一个由他们控制的钱包[11]。这是一个有利可图的系统。Liquid作为侧链，意味着交易费用不是支付给比特币矿工的，而是直接支付给Blockstream。

为什么有人会选择将BTC换成Liquid代币？一个很简单的原因是：BTC的费用太高了！Blockstream的CEO Adam Back将Liquid Network宣传为解决主网络高费用问题的解决方案，并在Twitter上表示：

"如果你频繁交易并且反对手续费，那就使用集成了[Liquid]的交易所，或者去抱怨没有集成的交易所。使用Liquid只需支付1-2美

---

10 "What is the Liquid Federation?", Blockstream, August 18, 2023, https://help.blockstream.com/hc/en-us/articles/900003013143-What-is- the-Liquid-Feder

11 "How do transaction fees on Liquid work?", Blockstream, August 18, 2023, https://help.blockstream.com/hc/en-us/ articles/900001386846-How-do-transaction-fees-on-Liquid-work

分且在2分钟内交易即可确认，而其他人支付50美分到2.50美元，转账还需要等待1小时以上……这就是我们的解决方案。[12]"

Blockstream在关键时期雇佣了大多数最有影响力的比特币核心开发者，作为CEO，Adam指导人们使用他的专有区块链，来解决高费用和网络拥堵问题。而BTC网络表现不佳仅仅是因为比特币核心开发者拒绝增加区块大小限制。这其中的利益冲突是巨大的。Blockstream制造了问题，又出售他们的付费解决方案。如果比特币有大区块，Liquid Network则无须存在。

银行家的梦想

从Liquid Network获取交易费并不是Blockstream唯一的利润来源。他们还向集成Liquid的公司收取月费，并在他们的网络上发行代币。2020年，Blockstream宣布成为Avanti（一家初创公司）的技术合作伙伴，后者定位为一家加密货币友好的银行。根据他们的网站：

"Avanti是一种新型银行，拥有银行执照，目标是将数字资产与传统金融系统连接起来。我们的团队在这两个领域都有丰富的经验。我们不仅仅是一家银行，还是一家存款机构，这意味着我们有资格成为联邦储备银行的美元结算银行。[13]"

小区块者认为银行会继续在未来的金融系统中发挥关键作用，成为访问区块链的主要实体。因此，Blockstream希望在该

12 Adam Back (@adam3us), Twitter, May 23, 2020, https://twitter.com/ adam3us/status/1264279001419431936
13 Avanti, January 27, 2022, https://web.archive.org/web/20220127022722/https://avantibank.com/

系统中扮演关键角色，提供技术服务、咨询，用他们自己的专有网络替代比特币。这一策略非常成功。Avanti在近期发行代币了（"Avit"），声称可以跟美元1:1兑换，尽管该代币并不是完全以美元为担保的。Coindesk解释道：

> "虽然Avit不是一对一地锚定美元——因为它是一种新型数字资产，而不是现实世界资产的数字映射——但该货币将100%由传统美国资产的储备金担保。14"

换句话说，Avanti将发行可兑换为美元的代币，但实际上并不完全由美元担保，而是由担保其代币的真实世界的资产来为他们赚取收益。虽然这种商业模式本身不存在问题，但这又是一例加密货币被传统金融系统同化的例子，加密货币的独特属性再次被摒弃了。由"传统美国资产储备"支持的银行代币既不能防止通货膨胀，也不能抗审查，更不能颠覆现状。这些资产能提供收益，意味着或许会带来违约风险。如果发行代币的银行破产，用户将会损失资金，还是无需信任第三方的货币更有吸引力。

比特币的叙述是颠覆现有的金融行业，而Blockstream却与银行合作帮助后者发行数字美元，这太讽刺了。此外，他们甚至开始与政府合作，帮助他们筹集资金。在萨尔瓦多，Blockstream创建了一种"比特币债券"，帮助国家筹集十亿美元，并向持有者支付年度股息。比特币债券和Avit代币都将建立在Liquid Network

---

14 Nate DiCamillo, "Unpacking the Avit, Avanti Bank's New Digital Asset Being Built With Blockstream", CoinDesk, August 12, 2020, https:// www.coindesk.com/business/2020/08/12/ unpacking-the-avit-avanti- banks-new-digital-asset-being-built-with-blockstream/

上，进一步将流量从BTC导向Blockstream的侧链[15]。

比特币核心开发者与Blockstream之间的利益冲突显而易见。有了如此扭曲的激励机制，难怪中本聪设想的廉价、点对点的基础层交易被抛弃了；毕竟大区块会毁掉他们的商业模式。相比之下，任何人都可以在比特币现金上创建代币并以极低的费用在链上交易。侧链和托管钱包不需要扩展，因为基础层可以处理更高的交易吞吐量。不过，如果需要，侧链和托管钱包在大区块下可以继续存在，并且会表现出更高的性能。

可观的融资

Blockstream进行了多轮融资，但并未改善他们的形象，也未能平息围绕该公司的阴谋论。迄今为止，他们已经从投资者那里筹集了约3亿美元。对于任何一家公司来说，三亿美元都是一笔可观的金额，对从事开源软件的公司来说尤其如此。

2016年初，Blockstream完成了5500万美元的A轮融资[16]，该消息引起了巨大的关注。AXA战略风投是主要投资人，该风投是法国跨国公司AXA的分支机构。根据《财富》全球500强的介绍[17]，AXA是世界第十一大金融服务公司。当时，AXA的首席执行官是国际金融系统的大亨Henri de Castries。《卫报》在2015

---

15 Blockstream Team, "El Salvador to Issue \$1B in Tokenized Bonds on the Liquid Network", Blockstream, November 21, 2021, https://blog.blockstream.com/el-salvador-to-issue-1b-in-tokenized-bonds-on-the-liquid-network/

16 Paul Vigna, "Bitcoin Startup Blockstream Raises \$55 Million in Funding Round", The Wall Street Journal, February 3, 2016, https://www.wsj.com/articles/bitcoin-startup-blockstream-raises-55-million-in- funding-round-1454518655

17 "Global 500", Fortune, August 18, 2023, https://fortune.com/ global500/2021/ search/?sector=Financials

年是这样描述De Castries的：

"Henri de Castries或许是全球最有权势的人。他是全球最大保险公司之一AXA的首席执行官兼董事长，同时也是法国著名的贵族家族卡斯特里斯家族的成员。De Castries还是比尔德伯格集团（Bilderberg）的主席，这个集团汇集了来自欧洲和北美的政治和商业领袖，他们每年私下会面，讨论'影响世界的宏观趋势和重大问题'——如果你是阴谋论者，或许会说他们在秘密操纵世界。[18]"

前有神秘的John Dillon，后有比尔德伯格集团。几十年来，由于其高度保密的会议以及一些世界上最有权势的参会人员人物，包括政治、金融、学术和媒体行业的精英，比尔德伯格集团一直备受争议。该组织自20世纪50年代以来一直在运作，参与者众多，从国家元首如托尼·布莱尔和比尔·克林顿，到比利时、挪威和西班牙的欧洲皇室，再到比尔·盖茨和杰夫·贝索斯等商业巨头，以及全球大公司的CEO和创始人、银行和新闻机构的领导人[19]。自然，当大量有权势的人聚在一起举行秘密会议时，阴谋论都是不可避免的。我们从历史中知道，一些阴谋确实存在。这种级别的会议在某种程度上影响世界事务是合理的猜测——这也是他们举行会议的原因！其真实的影响尚不清楚，但肯定是有影响的。

我们始终无法确切知道这些联系的重要性。Blockstream由一家风险投资公司资助，这家公司的母公司是世界上最大的金融公司之一，其CEO是比尔德伯格集团的主席。这一切可能只是巧合。作

---

18 Graham Ruddick, "Axa boss Henri de Castries on coal: 'Do you really want to be the last investor?'", The Guardian, August 7, 2015, https://www. theguardian.com/business/2015/aug/07/axa-boss-henri-de-castries-on- coal-do-you-really-want-to-be-the-last-investor
19 "List of Bilderberg participants", Wikipedia, August 18, 2023, https://en.wikipedia.org/wiki/List_of_Bilderberg_participants

为比特币历史的一部分，这些联系应该引起重视。

研究人员多年来试图追踪流入Blockstream的资金，尽管有很多有趣的联系和潜在的利益冲突，但没有找到确切的关联。例如，数字货币集团是另一家引发怀疑的风险投资公司，因为它投资了大量的加密货币项目，包括Blockstream。该公司成立于2015年，其初始资金来自传统金融公司，包括比特币的直接竞争对手万事达[20]。然而，没有任何明确的证据将万事达与摧毁比特币的阴谋联系起来。虽然他们无疑知道比特币的颠覆潜力，但我们无法知道他们投资背后的意图。也许他们只是想赶上加密货币投资和创新的浪潮，或者他们想对掌握比特币代码控制权的公司产生影响。这两种情况是比较合理的猜测。

Blockstream最大的融资轮发生在2021年，当时它在B轮融资中筹集了超过2亿美元，使其估值达到32亿美元[21]。这笔巨额资金发生在比特币核心开发者被捕获之后，BTC的市场份额显著减少，比特币现金随后在2017年分裂，以及多次网络故障导致交易费用飙升和确认时间大幅增加。从纯粹的商业角度来看，一种解释是投资者认为Blockstream的替代网络将在未来通过与BTC网络竞争交易产生可观的收入。有人认为Blockstream通过削弱比特币的开发并从根本上改变它，使其类似现有的金融系统的而获得了巨额回报。与银行可能因为比特币而失去的相比，投资几亿美元算不了什么。

20 Fitz Tepper, "Barry Silbert Launches Digital Currency Group With Funding From MasterCard, Others", TechCrunch, October 28, 2015, https://techcrunch.com/2015/10/27/barry-silbert-launches-digital- currency-group-with-funding-from-mastercard-others/
21 "Blockstream Raise $210 Million Series B With $3.2 Billion Valuation", FinTechs.fi, August 18, 2023, https://fintechs.fi/2021/08/24/ blockstream-raise-210-million-with-3-2-billion-valuation/

比特币的早期采用者和网络名人Stefan Molyneux在2014年就有这种担忧，他预测现有的金融和政治利益将认识到比特币的威胁，并试图慢慢操控它。他说：

"我们真的需要理解比特币的敌人有多么庞大。金融政府将会努力阻止这项技术……'我们不要直接杀死它，因为它现在已经够大了，人们会注意到我们的行径……'相反，他们会试图扰乱这个项目，直到大多数人觉得它太繁琐而无法使用，然后说'这是一个有趣的想法，但没有像人们希望的那样运作'。我认为这是最大的危险。[22]"

Molyneux很有先见之明。不管是否存在恶意，我们可以自信地说2024年的比特币对现有权力的威胁远小于2014年的比特币。现在的比特币是一个笨拙的网络，迫使用户使用二级、受控制的层来改善体验。托管钱包也很容易被控制，并将重新引入可信的第三方。从大局来看，比特币的重新设计与现有的货币系统惊人地相似，在这种系统中，日常用户并没有最终控制自己资金的权利，需要借助第三方公司为他们提供金融服务。这个新系统服务于那些从价格升值中受益的早期采用者。

从比特币的原始设计和愿景来看，Blockstream对协议的影响是灾难性的。BTC背离了原始的比特币，未来也不太可能恢复原样。

幸运的是，Blockstream并没有垄断所有的加密货币开发。比特币现金的开发者在2017年成功诞生——尽管这个过程并不容易，充斥着挣扎和戏剧性。

---

22 Crypto Me!, "Stefan Molyneux predicts Blockstream takeover of Bitcoin", Youtube, May 7, 2018, https://www.youtube.com/watch?v=q- sMbf2OzOY

第十四章

中心化控制

比特币软件的控制权集中化并非一夜之间发生的。这个过程持续了几年，期间不同意见此起彼伏。围绕比特币核心（Bitcoin Core）和Blockstream的批判声遍地都是，尤其是在Gavin Andresen卸任核心首席维护者之后。回顾起来，尽管比特币的开发受到了妥协，但当时这个过程并不清晰。因为行业的大多数重要参与者都在拼命维持网络的统一，所以直接指责开发被劫持的情况相对少见。此外，Blockstream的商业模式直到成立几年后才公开，所以当时只能猜测其中的利益冲突。然而，在2014年《华尔街日报》关于Blockstream投资者的报道中，我注意到了该公司并没有明确的商业模式：

"Blockstream没有明确的路线图把开源软件转变为企业的盈利工具。相反，投资者们更多地是出于对公司联合创始人的信任才决定投资……Blockstream缺乏明确的商业模式，这让许多风险投资家难犹豫不决，因为他们通常要向投资者证明回报。"

一位基金经理拒绝了该项目，因为他无法投资这种看不到盈利模式的公司。Hoffman先生表示，他通过个人非营利基金会进行了

投资……因为他坚信Blockstream的第一轮融资'必须投资于比特币生态系统的发展，而不是以经济回报为重点……'

一些评论家担心Blockstream拥有太多智力资源，会在去中心化的比特币网络中拥有过度的影响力。联合创始人Austin Hill表示，这就是为什么Blockstream要以透明的方式成立，要"为公共服务，而不是劫持比特币。[1]"

不管Austin Hill的个人意图如何，Blockstream最终确实劫持了比特币。事后来看，我们可以清楚地看到这一点，但在重构比特币历史时，当时缺乏这种认知。过了好几年，Liquid Network才被推销为比特币区块链的替代方案——Blockstream的这种策略很聪明，如果他们立即将公司的专有网络宣传为扩展解决方案，会被强烈反对。

相反，比特币核心和Blockstream获取权力的过程是缓慢而有计划的。他们把握住了一些小机会获得了更多的网络控制权。他们利用了Van der Laan作为领导者的软弱和避免争议的期许，最重要的是，他们利用了"开发者共识"的概念，有效地给了自己对软件的否决权，即使他们的否决权极大地改变了整个系统的结构和经济机制。Jeff Garzik在一封关于他们拒绝增加区块大小限制的公开邮件中警告：

"这会带来极端的道德风险：少数比特币核心提交者可以否决[区块大小]的增加，从而重塑比特币经济学，将一些企业排除在系统

---

1 Michael J. Casey, "Linked-In, Sun Microsystems Founders Lead Big Bet On Bitcoin Innovation", The Wall Street Journal, November 17, 2014, https://web.archive.org/web/20141201173917/https://blogs.wsj.com/ moneybeat/2014/11/17/linked-in-sun-microsystems-founders-lead-big- bet-on-bitcoin-innovation/

之外。（通过增加区块大小）保持当前的经济结构，而并不行使这种权力可以降低道德风险。[2]"

可编程货币还是垃圾？

区块大小限制并不是核心开发者行使权力的唯一领域。其他例子包括所谓的"垃圾交易"概念和比特币的智能合约功能。尽管这一功能已被剥离出BTC软件并几乎被遗忘，但比特币的最初设计是可以处理智能合约的——类似于以太坊上能做的复杂计算。比特币的智能合约系统比新的加密货币项目要笨拙，但它仍然具有广泛的功能，其中许多功能已经在比特币现金上重新激活。

核心开发者不仅破坏了比特币作为数字现金的实用性，他们还把原始技术中的一些基本功能剥离了。这是为什么？原因与他们拒绝增加区块大小限制相同：这不符合他们对比特币的新期待。他们不喜欢中本聪的愿景，并提出了新的愿景，即比特币仅用于高价值交易。其他所有东西，无论是小额支付还是智能合约，都有被核心开发者指定为"垃圾"并受到限制的风险。Counterparty团队对此深有体会。

Counterparty是第一个探索比特币更广泛技术功能的团队之一。他们基于比特币建立了去中心化的数字资产登记簿。用户可以直接在基础层上铸造和交易他们自己的代币。除了一个特定的功能，他们的其他技术实现并补充要。自比特币诞生以来，用户可以在区块链上添加少量数据，使其能够处理超过简单货币交易的任

2 Jeff Garzik, "Block size: It's economics & user preparation & moral hazard", Bitcoin-dev mailing list, December 16, 2015, https://lists. linuxfoundation.org/pipermail/bitcoin-dev/2015-December/011973.html

务。包括Counterparty开发者在内的一些人利用了这一功能来构建产品。不幸的是，核心开发者对人们以这种方式使用技术感到恼火，因为他们认为这会"膨胀"区块大小。然而，由于无法禁止用户行为，核心开发者决定在最不让人反感的方式下，在区块链上添加小量数据创建了一个明确的功能——OP_RETURN。

OP_RETURN最初宣布时，它的设计是允许在交易中添加80字节的数据，矿工和节点可以轻易地丢弃这些数据。Counterparty开发者基于这个80字节的设计，构建了他们平台的新版本。然而，当OP_RETURN最终发布时，其数据容量被削减了一半，这摧毁了那些以80字节[3]为基础构建的项目。这一举措引发了社区、核心开发者和Counterparty开发者之间的激烈争论[4]。

核心开发者的决定引发了广泛的不满，并被视为是反创新的行为。这一争议甚至引起了Vitalik Buterin的注意，他将这场争议视为放弃比特币，而在独立的链上建设以太坊的原因之一。他写道：

"OP_RETURN的争议促使我想在Primecoin上构建以太坊，而不是比特币。我们最终放弃了Primecoin的计划，因为我们得到了比预期更多的关注和资源，完全可以构建自己的基础层……[5]"

他在其他地方还说道：

---

3 Tim Swanson, "Bitcoin Hurdles: the Public Goods Costs of Securing a Decentralized Seigniorage Network which Incentivizes Alternatives and Centralization", April 2014, http://www.ofnumbers.com/wp-content/ uploads/2014/04/Bitcoins-Public-Goods-hurdles.pdf
4 "Make Master Protocol harder to censor", Github, September 2014, https://github.com/OmniLayer/spec/issues/248
5 "Vitalik Buterin tried to develop Ethereum on top of Bitcoin, but was stalled because the developers made it hard to build on top of Bitcoin" Reddit, February 1, 2018, https://np.reddit.com/r/btc/comments/7umljb/ vitalik_buterin_tried_to_develop_ethereum_on_top/dtli9fg/

"ETH协议的最早版本是在Primecoin上构建的一个类似Counterparty的元币协议。为什么不选择比特币呢？因为OP_RETURN之争，我考虑到某些核心开发者所说的内容……担心协议规则会被改变（例如通过禁止某些方式在交易中编码数据），增加开发难度，我不想在一个开发团队会与我为敌的基础协议上构建项目。[6]"

Greg Maxwell对Buterin的言论做出了回应，他对核心开发者的行为促使Buterin离开比特币的说法感到不满，并质疑道：

"你能提供任何证据支持这一说法吗？OP_RETURN与以太坊有什么关系？它根本不会影响以太坊的开发。[7]"

对此，Buterin回复道：

"你这么快就忘了OP_RETURN争议了吗？我认为将其减少到40字节无异于在扼杀使用比特币区块链的[类似Counterparty的]元协议（这原本是以太坊的构建方式）。[8]"

排挤人才

许多Counterparty的核心开发者以及无数其他富有创造力的头脑，最终从比特币区块链转移到以太坊区块链上。如今，以太坊

6 Joseph Young, "Vitalik Buterin Never Attempted to Launch Ethereum on Top of Bitcoin", CoinJournal, May 22, 2020, https://coinjournal.net/ news/vitalik-buterin-never-attempted-launch-ethereum-top-bitcoin/
7 "Vitalik Buterin tried to develop Ethereum on top of Bitcoin, but was stalled because the developers made it hard to build on top of Bitcoin" Reddit, February 1, 2018, https://np.reddit.com/r/btc/comments/7umljb/ vitalik_buterin_tried_to_develop_ethereum_on_top/ dtli9fg/
8 Ibid.

仍然以其更开放的创新文化和平台而负有盛名。加密货币企业家Erik Voorhees后来写道：

"不幸的是，我认为比特币极端主义者对实验和应用开发者相当不友好，导致他们都跑去了以太坊，网络效应现在显然在以太坊上。我认为极端主义者不在乎这些，因为他们还有黄金2.0叙述。[9]"

通过将人才排挤出比特币，核心开发者强化了他们在整个网络的集中权力。他们决定了创造空间有多大，还可以根据他们添加的功能来决定哪些项目是可能的，哪些是不可能的——这使得与核心开发者的个人关系变得非常重要。他们还最终定调了比特币开发文化——导致社区充满着不必要的戏剧性和对创新的敌意。无论他们是宽容还是严格，重要的是他们拥有这种影响力。

比特币被广泛认为是"可编程货币"，而核心开发者却对探索创造性用途的尝试充满了敌意。更讽刺的是，在OP_RETURN功能发布不到一年后，Greg Maxwell写道：

"我认为OP_RETURN已经显示出严重的问题；不仅如此，现在用户认为他们可以在链上存储与比特币无关的数据……他们认为这是经过批准的、正确的、不反社会的使用方式。[10]"

在Maxwell的眼中，用户应像公司职员一样，遵循上级传达的已被批准的行为清单。这种繁文缛节和控制不利于创造力，也不现实，特别是对于一个一旦发生扩展，可以服务于数十亿人的网络。

---

9 Erik Voorhees (@ErikVoorhees), Twitter, January 5, 2021, https:// twitter.com/ erikvoorhees/status/1346522578748370952

10 Laanwj, "Change the default maximum OP_RETURN size to 80 bytes #5286", Github, February 3, 2015, https://github.com/bitcoin/ bitcoin/pull/5286

个人不太可能关注技术是否是"批准"的，他们只在乎一项技术是否对他们有帮助。

企业家和创新人士需要保证他们所构建的协议不会因为一些开发者改变主意或决定某种区块链的使用方式不被接受而突然中断。实际上，给比特币施加的限制越多，用户就越会被推向提供额外功能的替代系统。正如Gavin Andresen在2014年所推测的，这可能是一种有意为之的结果：

> "有一小部分人认为，如果交易转移到法币、其他加密货币或一些更中心化的链外解决方案上，情况会更好。我强烈不同意。[11]"

幸运的是，在比特币现金诞生后，OP_RETURN被升级并增加到220字节，其他功能也得到了升级。这一额外的空间，加上大区块，能够实现比BTC上更具创造性的区块链功能。在大区块的理念中，增加数据使用并不会引发额外的担忧，因为普通用户不必运行自己的节点，且矿工可以轻松地丢弃这些数据。用户可以利用这一功能，并找到新的使用方法，即使Greg Maxwell不认可！

低费用对于可编程货币的长期成功也是至关重要的。今天，人们对高费用的态度发生了转变，但最初，即使是五美分的交易费也是不被接受的。在一次著名的采访中，Vitalik Buterin评论道：

> "现在，一笔比特币交易的费用是五美分……现在还好，因为PayPal的费用更荒谬。但你知道，互联网货币的交易费不应该是五

---

11 Gavin Andresen, "Re: Gavin Andresen Proposes Bitcoin Hard Fork to Address Network Scalability", Bitcoin Forum, October 19, 2014, https:// bitcointalk.org/index. php?topic=816298.msg9254725#msg9254725

美分。这有点荒谬。[12]"

尽管整个加密货币行业的费用都很高，但Buterin是对的。对于绝大多数交易来说，超过一美分的费用确实有点荒谬且不必要。如果可编程货币的实用性被五美分的费用所阻碍，那么想象一下50美元的费用会构成多大的阻碍。BitPay的Stephen Pair分享了类似的观点。他曾这样评论比特币作为支付系统的竞争力："一笔普通链上交易的费用一美分太贵了，不具备竞争力。[13]"没有技术原因不能实现这一点。这已经在比特币现金网络上实现了。

核心信任的丧失

围绕OP_RETURN和其他次要功能的争议，与拒绝增加区块大小限制所引发的愤怒相比简直微不足道——尤其是一些核心开发者之前明明已经同意增加区块大小，即使他们不希望完全移除限制。Pieter Wuille在2013年写道：

"我赞成通过硬分叉增加区块大小限制，但反对完全移除限制……我的建议是一次性增加到10MiB或100MiB的区块（这需要讨论），之后再缓慢地呈指数增长。[14]"

尽管他们口头上这样说，但实际行动却在关键时刻拖延了比特币的发展，最终，他们的小区块理念变得更加激进。2013年，比

---

12 Crypto Me!, ""The Internet of Money should not cost 5 cents per transaction." -Vitalik Buterin", Youtube, December 19, 2017, https://www. youtube.com/watch?v=unMnAVAGIp0
13 Stephen Pair, "Bitcoin as a Settlement System", Medium, January 5,2016, https://medium.com/@spair/bitcoin-as-a-settlement-system- 13f86c5622e3
14 Pieter Wuille, "Re: How a floating blocksize limit inevitably leads towards centralization", Bitcoin Forum, February 18, 2013, https://bitcointalk.org/index.php?topic=144895.msg1537737#msg1537737

特币用户的耐心开始逐渐耗尽；到2014年，质疑声变得更大；到2015年，用户彻底厌倦了。Mike Hearn捕捉到了这种情绪，他在与Greg Maxwell的一封公开邮件中表达了不满。Hearn在邮件开头引用了Maxwell的发言，后者试图论证小区块从一开始就是中本聪计划的一部分：

"这很清楚……比特币的用户希望通过限制区块链的大小来保护其去中心化，以便在小型设备上保持可验证性。"

"事实并非如此。这是你自己在很久之后捏造出来的。'小型设备'甚至没有在任何地方定义过，所以不可能存在这样的理解。实际的理解正好相反……请不要试图用谎言蒙混我什么才是原始愿景……"

"如果中本聪一开始就说比特币永远无法扩展。那我打算严格限制它，只供少数人进行稀有交易。我选择1MB作为一个任意限制，以确保它永远不会流行起来。"

"……那么我就不会参与其中。我真的不想在一个不受欢迎的系统上投入精力。许多其他人也是如此……"

他在邮件的结尾建议Maxwell创建自己的山寨币，而不是劫持和重新设计比特币以符合他的个人偏好：

"看，你显然已经决定比特币的发展方向不符合你的个人喜好。这没关系。去做一个山寨币吧，在你的创始文件中声明它只能运行在2015年的Raspberry Pi上，或者其他你所谓的'小型设备'上。从协议中移除SPV功能，让每个人都必须完全验证。确保每个人从第一天起就了解你的山寨币是干什么的。"

"然后就会有人说，嘿，要是我们有更多的容量就好了，你或其他人可以指着公告邮件说'不，GregCoin是为了永远能在小型设备上验证，这是我们的社会契约，并写入了共识规则'。"

"但你试图通过利用一个临时的漏洞将比特币转变成那种山寨币的行为让人感到绝望，让许多人深感不安。没有几个人会辞掉工作，打造只为今天的这点用户群体服务的产品。[15]"

Mike Hearn的批判一针见血。尽管他与Gavin Andresen在技术上对比特币有着相似的愿景，Hearn显然在两人中更具对抗性。看到比特币的失败以及它今天变成的样子，我认为Hearn是有合理的理由感到愤怒和挫败的，而且有同样感受的不止他一人。

"我们的新统治者"

Andreas Antonopoulos是比特币和加密货币行业的知名倡导者。他在在线论坛上表达了对核心开发者，尤其是Maxwell的不满，他说道：

"[Maxwell]发表了几条引用不当的言论，后来既没有撤回也没有道歉……对他发布的任何引言都要保持怀疑，尤其是那些选择性、简短、脱离上下文并试图诽谤的引言。这都是他的惯常伎俩。他将自己的言论合理化为唯一重要的意见，[一种]只要听众不蠢就都会接受的'中立'意见……"

"在这场辩论中，唯一重要的是那三四位开发者的意见，他们

---

15 Mike Hearn, "Why Satoshi's temporary anti-spam measure isn't temporary", Bitcoin-dev mailing list, July 29, 2015, https://lists.linuxfoundation.org/pipermail/bitcoin-dev/2015-July/009726.html

不想要任何结果偏离他们的决定。他们扭曲并合理化他人的言论，但最终做的正是他们从一开始就打算做的：通过排除和命令来审查特定意见。"

"向我们的新统治者致敬吧。他们不仅仅是程序员，还是新闻发布主管，他们拥有比特币。正如他们经常说的，如果你不喜欢……那就分叉吧。[16]"

2014年末，当Gavin Andresen仍在比特币基金会工作时，他撰写了一篇文章，阐述了扩展的路线图。在撰写了无数论坛帖子、博客文章和电子邮件线程解释为什么需要提高区块大小后，他得出结论，现在终于是时候向前迈进了：

"下一个需要解决的扩展问题是代码写死的1MB区块大小限制，这意味着网络只能支持大约每秒7笔交易……比特币的愿景一直是当交易量证明需要更大的区块时提高该限制……"

"'因为中本聪说了什么'并不是一个有效的理由。然而，坚持比特币的原始愿景非常重要。这个愿景激励了人们投入他们的时间、精力和财富投入到这项新的、风险巨大的技术中。"

"我认为必须增加区块大小，原因与绝对不能增加2100万枚代币的上限相同：因为用户被告知系统将扩展以处理大量交易，就像他们被告知只会有2100万枚比特币一样。[17]"

---

16 Aantonop, "Re: Roger Ver and Jon Matonis pushed aside now that Bitcoin is becoming mainstream", Bitcoin Forum, April 29, 2013, https:// bitcointalk.org/index.php?topic=181168.msg1977971#msg1977971

17 Gavin Andresen, "A Scalability Roadmap", Bitcoin Foundation, October 6, 2014, https:// web.archive.org/web/20150130122517/https:// blog.bitcoinfoundation.org/a-scalability-roadmap/

　　然而，在这篇文章写完几个月后，核心开发者不打算提高区块大小限制变得人尽皆知。如果大区块比特币要像中本聪设计的那样存在下去，Hearn和Andresen将不得不亲自采取行动。

第十五章

反击

无休止的辩论没有带来任何进展。比特币没有扩展，支持小区块的人也不愿意妥协。到了2015年5月，核心开发者Matt Corallo表示:

> "我个人坚决反对承诺增加区块大小。长期的激励兼容性需要一定的费用压力，并且需要区块保持近乎满块的状态。目前链上交易几乎没有压力就能打包确认到下一个块，几乎不需要任何费用。[1]"

因此，到了下半年，人们已经无法指望核心开发者去扩容了。需要创建一个不同的软件实现，如果大多数算力切换到这个实现上，网络将成功绕过Core。比特币的长期目标一直是拥有竞争性实现，而核心开发者的顽固态度提供了一个很好的理由来启动竞争——这一决定将永久改变比特币的历史。

---

1 Matt Corallo, "Block Size Increase", Bitcoin-development mailing list, May 6, 2015, https://lists.linuxfoundation.org/pipermail/bitcoin-dev/2015- May/007869.html

BitcoinXT和BIP101

Mike Hearn和Gavin Andresen之前创建了一个名为BitcoinXT的替代实现，对软件进行了一些非关键性的更改。BitcoinXT与Bitcoin Core兼容——它们都将用户连接到同一个网络——但XT项目为Hearn继续他名为Lighthouse的项目创造了条件，这是一种使用比特币作为货币的众筹平台。为了让Lighthouse正常工作，他需要对核心软件进行一些小的更改，但Core无法满足这一目标，Mike决定创建自己的客户端实现。正是这个替代实现被选为比特币核心的大区块替代品。BitcoinXT中的区块大小限制会被增加，如此一来将不再与Core兼容。如果关键多数的矿工使用XT，网络将最终升级，实现更大的区块。中本聪在白皮书中描述了这一升级机制，他曾写道：

"工作量证明解决了谁能代表多数人决策的问题……工作量证明本质上是一CPU一票。多数人的决策由最长的链代表，因为这条链中投入了最大的工作量……"

"[矿工]用他们的CPU算力投票，表示他们对有效区块的接受，并通过拒绝工作来拒绝无效区块。任何需要的规则和激励都可以通过这个共识机制来执行。[2]"

BitcoinXT不仅会从技术角度升级网络，还将终结比特币核心对源代码的主导地位，使XT成为主要的线上代码库。Core团队做的糟糕的决策和零碎的决策过程将变得无关紧要。《纽约客》的一位记者在采访Andresen时询问了这一点：

---

2 Satoshi Nakamoto, "Bitcoin: A Peer-to-Peer Electronic Cash System", 2008, https://www.bitcoin.com/bitcoin.pdf

"我问Andresen，如果XT获得完全接受，他是否会将所有早期的比特币核心开发者纳入新的XT团队。他回答说，'[XT]将有一套不同的开发者。分叉的部分原因是为了拥有一个明确的软件开发决策过程。[3]"

对于支持比特币最初愿景的读者来说，他们或许会认为"早该如此了！"，但请记住，想要规避比特币核心是极其困难的。当时几乎整个加密货币世界都统一在一个比特币社区和网络中。我在与比特币企业家的众多对话中得知，几乎所有人都对核心开发者感到挫败，但他们更希望保持网络团结。如果情况变得混乱，可能会导致社区和经济机制分裂。

保持团结

那时大家必须评估社区分裂的风险与网络发生故障的风险。如果区块变满，费用飙升，网络无法处理交易负载——这是当时前所未有的事件——用户体验将变得异常糟糕，可能会永久地让人们失去对比特币的兴趣。2015年，比特币技术仍未成为主流，许多金融界人士盼着比特币失败。因此，为了避免危机，必须提高区块大小限制；核心开发者必须被替换，但行业需要等待合适的时机。现在回头看，BTC上曾多次出现网络故障，但是公众依然没有放弃比特币，这可能是因为他们接受了比特币核心的叙述，也不知道还有更好的选择。高昂的费用对BTC确实不利，但到目前为止，这个问题还没有永久性地破坏其信誉。

---

3 Maria Bustillos, Inside the Fight Over Bitcoin's Future, The New Yorker, August 25, 2015, https://www.newyorker.com/business/currency/ inside-the-fight-over-bitcoins-future

在比特币开发中，有一种正式的方式来提出对软件的更改。程序员可以提交"比特币改进提案"，简称"BIP"。BIP可以是小的改进或重大的改动。在BIP提交后，就会进行辩论以确定该提案通过与否。也有些BIP要求增加区块大小，包括温和的和激进的。但没有一个被比特币核心接受。

Mike Hearn和其他人创建了BIP101，提议将区块大小限制立即增加到8MB，随后再缓慢提高区块大小，每两年翻倍一次，最终在2035年达到8GB的最大区块上限。这将实现每秒处理约40,000笔交易（这是当时Visa处理能力的几倍）。Hearn后来回顾了这一提案：

"2015年8月，因严重的管理不善，我们清楚地意识到'比特币核心'项目不会增加区块大小限制……因此，一些长期开发者（包括我）聚在一起开发了必要的代码以提高限制。该代码被称为BIP101，我们将其发布在一个修改过的软件版本中，命名为BitcoinXT。通过运行XT，矿工们可以为更改限制投票。一旦75%的区块投票支持更改，规则将被调整，实现更大的区块。[4]"

升级机制与恐惧

比特币的升级机制简单明了。运行BitcoinXT的矿工可以投票，如果绝大多数的算力支持BIP101，那么它将在两周的宽限期后被激活。BIP101被认为是一次"硬分叉"升级，因为它将与以前的软件版本不兼容——而"软分叉"则兼容现有的版本。由于中本聪

---

4 Mike Hearn, "The resolution of the Bitcoin experiment", Medium, January 14, 2016, https://blog.plan99.net/the-resolution-of-the-bitcoin- experiment-dabb30201f7

在仓促的情况下添加了区块大小限制，现在需要通过硬分叉来增加这一限制。核心开发者们坚决反对硬分叉，声称会导致网络故障或分裂。事实上，许多人声称改变比特币的经济机制要比硬分叉的风险更小。比特币核心开发者Pieter Wuille认为：

"如果我们是因为担心改变经济机制而冒险硬分叉，那么我相信[比特币]社区根本还没有准备做出任何改动。[5]"

事后看来，围绕硬分叉的戏剧性未免过于夸张了。几乎每个加密货币项目都会经历硬分叉，因为这是升级关键代码、修复漏洞和减少技术包袱的必要机制。以太坊也定期进行硬分叉。自发布以来，比特币现金也经历了几次硬分叉。然而在2015年，这种硬分叉尚没有先例，核心团队能够煽动社区对硬分叉的恐惧，宣扬它可能会破坏网络。事实上，即使升级中存在软件漏洞并导致网络中断，也是可以修复的。相比彻底改造整个系统的风险——类似于为了防止普通感冒而接受化疗——中断的风险可以忽略不计。

在我看来，BIP101引发恐惧的真正原因是因为一旦BIP101通过，比特币核心将失去对开发的控制权，不再掌握在线代码库的密钥。XT会添加BIP101，而核心团队不会，所以这两个实现将在协议级别上会变得不兼容，导致少数实现被"分叉"出主网络。尽管这对核心团队及其支持者来说是毁灭性的，但通过要求75%的矿工支持这一变化，可以确保对普通用户尽量不受到影响。剩下的矿工要么升级软件以支持大区块，要么创建他们自己的链。

BitcoinXT的存在恰恰证伪了比特币不受人为影响的想法。

5 Pieter Wuille, "Bitcoin Core and hard forks", Bitcoin-dev mailing list, July 22, 2015, https://lists.linuxfoundation.org/pipermail/bitcoin- dev/2015-July/009515.html

相反，比特币深深扎根于社会之中，它的历史不是由软件代码实现的，而是由个人在社会、经济和政治背景下做出艰难决策所塑造的。尽管几乎所有投身于比特币的企业家都支持增加区块大小，但有些人认为直接解雇核心团队会导致分裂。相反，他们公开支持BIP101，并敦促比特币核心将其合并到他们的软件中。几家最大的非矿业比特币公司联合发表声明，支持BIP101和8MB区块，但并未明确支持BitcoinXT。签署声明的包括Bitpay的CEO Stephen Pair，Blockchain.info的CEO Peter Smith，Circle.com的CEO Jeremy Allaire，Xapo.com的CEO Wences Casares，Bitgo.com的CEO Mike Belshe等人。声明如下：

"我们的社区正处于一个十字路口……在与核心开发者、矿工、我们自己的技术团队和其他行业参与者进行了长时间的探讨后，我们认为，通过提高最大区块上限来为成功做准备是至关重要的。"

"我们支持实施BIP101。我们认为Gavin关于更大区块以及可行性的论点———同时保障比特币的去中心化——是令人信服的。BIP101和8MB区块已经得到了大多数矿工的支持，我们认为是时候让行业团结一致通过该提案了。"

"我们的公司将于2015年12月准备好支持大区块，并将运行支持这一升级的代码……我们承诺在我们的软件和系统中支持BIP101，并鼓励其他人加入我们。[6]"

---

6 Stephen Pair, Peter Smith, Jeremy Allaire, Sean Neville, Sam Cole, Charles, Cascarilla, John McDonnell, Wences Casares and Mike Belshe, "Our community stands at a crossroads.", August 24, 2015, https://web. archive.org/web/20150905190229/https://blog. blockchain.com/wp- content/uploads/2015/08/Industry-Block-Size-letter-All-Signed.pdf

这封信中的并没有明确提及BitcoinXT。"我们将在12月运行支持BIP101的代码"翻译过来就是"如果比特币核心不允许这一升级，我们将切换到XT。"

当时一些大矿工发布了类似的声明。在声明中，他们不仅表达了对大区块的支持，还特别驳斥了比特币核心团队一直在宣传的论点——即8MB的区块对于被"防火长城"限制的中国矿工来说太大了。核心团队此前曾争辩说，8MB的区块会导致带宽和延迟问题。但几家大型中国矿业公司——代表超过比特币总算力的60%[7]——签署了一封信，声明他们已经准备好接受8MB的区块。

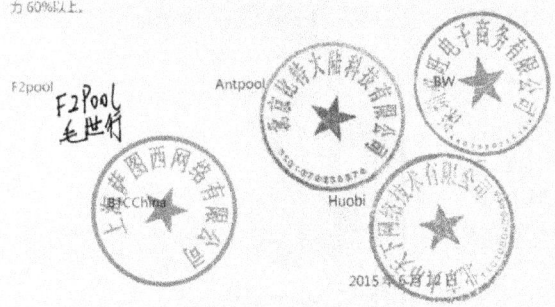

图5：中国矿工签署的行业信

---

7 Joseph Young, "7 Leading Bitcoin Companies Pledge Support for BIP101 and Bigger Blocks", Bitcoin Magazine, August 24, 2015, https:// bitcoinmagazine.com/technical/7-leading-bitcoin-companies-pledge- support-bip101-bigger-blocks-1440450931

声明如下:

"如果当前网络无法支持大于1MB的区块,那么核心团队坚持区块大小限制是可以理解的。但实际上,即使在防火长城的限制下,中国的矿池都支持8MB的区块大小。[8]"

随着国际社会普遍同意必须提高区块大小限制,比特币核心团队的权力和影响力看起来似乎即将结束。

分叉时刻

2015年8月15日,Mike Hearn发表了一篇具有里程碑意义的文章《为什么比特币会分叉?》,并在文章中阐述了必须分裂的原因[9]。这篇文章的重要性不言而喻,以下是一些摘录:

"事已至此。我们的社区分裂了,比特币将要分叉:不仅是软件,可能链也要分裂。分裂的双方是比特币核心和一个略有不同的BitcoinXT……这样的分叉以前从未发生过。我想从BitcoinXT开发者的角度解释此事:可别说事先没经过充分的沟通……"

"中本聪的计划将我们聚集在一起……正是区块链赋能普通人支付的想法创造并团结了全球社区。这是我加入比特币时的愿景,也是Gavin Andresen认同的愿景。这是世界各地众多开发者、创业者、推广者和用户接受比特币时的愿景。现在,这个愿景正处于危险之中。"

---

8 F2Pool, Mining Pool Technical Meeting – Blocksize Increases, June 12, 2015, https://imgur.com/a/LlDRr

9 Mike Hearn, "Why is Bitcoin forking?", Medium, August 15, 2015, https://medium.com/faith-and-future/why-is-bitcoin-forking- d647312d22c1

"最近几个月，一小群人对比特币持有截然不同的计划……他们看到一个千载难逢的机会，强行将比特币从其既定路径上引导到一个完全不同的技术轨迹上。"

他进一步解释道，鉴于竞争愿景之间的巨大差异，最合理的解决方案是小区块支持者创建他们自己的替代币，而不是通过利用所谓的"临时应急措施"（即区块大小限制）来劫持比特币。然而，小区块派拒绝脱离比特币去创建自己的独立项目，也不愿通过增加区块大小来妥协其他成员的医院。Hearn认为这恰好说明了比特币核心的结构性问题：

"为什么这场争论必须以分裂而不是以一种更文明的方式解决？简单地说，比特币核心的决策过程已经崩溃。理论上，同其他开源项目一样，核心有一个'维护者'。维护者的工作是引导项目并对添加什么，拒绝什么做出决策。维护者有最终话语权。一个好的维护者会收集反馈，权衡论据，最后做出决定。但在比特币核心的情况下，区块大小的争论已经拖了多年。"

"问题是，无论多么显而易见的变化，只要'有争议'，即有提交权限的人反对，它就可能被完全否决。由于有五个提交权限者和其他也可以使提案变得'有争议'的非权限者，达成共识遥遥无期。区块大小本来就不应是永久性的变得不再重要：单单因为移除这一限制也会引发争论，这本身就足以说明移除无望了。这就像没有主席的委员会，会议是永远不会结束的……"

在列举了一长串支持Hearn和Andresen的关键公司和个人后，他指出了核心开发者与比特币行业中其他企业家和工程师之间存在巨大的权力不对称。无论某个提案获得了多少支持，最终都可

能被少数几个拥有否决权的人拒绝:

"公司代表了比特币生态中最热情、投入最多和技术精湛的人。他们提供了关键的基础设施。然而,构建这些基础设施的人的观点却被认为'是在误导共识'。钱包开发者呢?他们是最接近日常用户需求的人。没人问过他们的意见。当他们发言时,结果也没有任何变化;他们的观点无法得到重视……"

"'共识'在比特币核心社区中经常被提及,但实际上这只代表着少数几个人的观点,而不在乎更广泛的社区如何看待,无论他们做了多少工作,还是他们的产品有多少用户。"

换句话说,"开发者共识"是一种营销手段,是用来哄骗比特币用户眼睛的幌子,让他们看不清真相:只要两三个人联手,就可以按照他们的意愿破坏比特币。

Hearn在文章结尾处指出,分叉是防止开发被劫持的唯一方法,因为它们为防止开发者走偏提供了竞争压力:

"简而言之,他们认为比特币唯一能制约他们的机制永远不应该被使用。我不认为他们真的想让它表现得像这样,但确实如此。他们认为他们的决定不应该有任何替代方案。他们反对的任何事情,无论出于何种原因,都将被扼杀……比特币是他们的玩具,他们可以随心所欲地使用。"

"这种状况不能再继续下去。比特币核心项目已经表明它无法改革,因此必须被放弃。这就是为什么比特币会分叉。希望每个人都能理解。"

没有人比Mike Hearn更准确地总结了这种情况。他的文章精彩地阐述了比特币的内部问题，以及分叉比特币核心的正当理由。然而，对于小区块支持者来说，这被视为一场战争。如果超级多数的矿工跟随Hearn和Andresen，那么小区块的比特币愿景将被降级为一个山寨币，核心开发者将实际上被解雇。为此，Core立即展开了一场广泛的"反击"运动，以便在XT获得太多支持前将其扼杀。

第十六章

阻断退路

比特币看起来是最为去中心化的。然而，仔细观察后会发现，少数几位关键人物对整个网络有着压倒性的影响。他们不仅控制着软件的密钥的控制，还操控着网络信息流。BTC强大的叙述，并不是自发出现的，也不是比特币爱好者之间自由开放讨论的结果。大多数讨论都集中在两大平台bitcointalk.org和r/Bitcoin subreddit，这两个平台至今仍享有极高的流量。而这两个平台恰好都由同一个人控制，他的化名为"Theymos"。他还拥有TheBitcoin Wiki（Bitcoin.it）。这意味着他拥有巨大的权力来塑造叙述和引导舆论。只要时机成熟，他会毫不犹豫地行使这种权力。

审查的开始

Bitcoin.org曾是一个中立的网站，是人们了解比特币的门户。它提供了基本的入门信息、业内公司的链接和其他对新人有帮助的资源。然而，由于该网站由比特币核心的坚定支持者控制，一旦BitcoinXT开始威胁核心开发者的主导地位，这种中立的表象就不复存在了。2015年6月16日，Bitcoin.org发布了官方"硬分叉政策"，其中写道：

"看起来最近的区块大小争论可能会导致一次有争议的硬分叉……这种硬分叉的危险性不容小觑，Bitcoin.org决定采用一项新政策：

Bitcoin.org不会推广任何有争议的硬分叉尝试，不会放弃当前有共识的软件或服务。

此政策适用于全节点软件，如Bitcoin Core，比特币核心的分叉软件和替代全节点实现。它也适用于钱包和服务……这些钱包和服务发布代码或做出宣布，表明它们将停止在之前共识的基础上运行。[1]"

换句话说，任何支持BitcoinXT而不是核心的公司都将被从该网站的列表中删除。由于Bitcoin.org当时（甚至现在依然）常被视为比特币的"官方"网站，这项政策会形成这样一种叙述：任何从核心"有争议地"分叉出去的软件从根源上就是不合法的。这一公告立即受到了许多比特币用户的强烈谴责，其中Mike Hearn表示：

"你们想确保新用户无法了解BitcoinXT。为什么不直接说出来呢？你们的立场是错误的，这只会降低bitcoin.org作为获取重要信息的地位。更重要的是，你们本质上是在支持一种现状，即少数几个人可以否决任何基于比特币的更改，而不管其他社区成员获得了多么广泛的支持。这不是去中心化。这最终会对比特币造成极大的

---

1 "Bitcoin.org Hard Fork Policy", Bitcoin, June 16, 2015, https://cloud. githubusercontent. com/assets/61096/8162837/d2c9b502-134d-11e5- 9a8b-27c65c0e0356.png

伤害。"

"如果社区连拒绝这个小团体的唯一方法都失去了，那么这个项目就完全被那些恰巧在项目早期出现并获得提交权限的人控制了。[2]"

Mike Hearn还指出，在整个行业已经广泛支持大区块的情况下，这项政策显得十分荒谬：

"……公告说用户将删除任何在违背'先前共识'上运行的钱包或服务。目前我们调查的所以钱包（GreenAddress以外）都表示他们支持大区块。此外，我们谈过的每个主要支付处理器也都表示支持，还有主要的交易所。所以，为了与这一政策保持一致，你们将不得不从网站上删除所有的钱包和主要服务商（GreenAddress以外）。"

比特币社区成员Will Binns也发表了类似的看法：

"Bitcoin.org应该尽量在公开辩论时保持公正。每天都有成百上千的人访问这个网站，其中许多人是比特币的新人。即使对这个领域的老玩家来说，这个网站在多数情况下也提供了非常有价值的信息。"

"这篇帖子看起来更像是在努力影响公众舆论。它没有提供完整的背景信息，也没有链接到更广泛的信息源让读者自行判断，让人感觉像是在强行灌输一种偏见。[3]"

---

2 Harding, "Blog: Bitcoin.org Position On Hard Forks #894", Github, June 16, 2015, https://github.com/bitcoin-dot-org/bitcoin.org/ pull/894#issuecomment-112121007 - double check
3 Harding, "Blog: Bitcoin.org Position On Hard Forks #894", Github, June 16, 2015, https://github.com/bitcoin-dot-org/bitcoin.org/ pull/894#issuecomment-112123722

这项新的硬分叉政策并不是Bitcoin.org网站被用来误导人们的最后一次尝试，Core团队试图使人们相信比特币核心是"官方"软件，任何竞争者都是不合法的。尽管这一特定政策的影响相对较小，但该论坛接下来发生了更多让人匪夷所思的事情。

占领Reddit

在r/Bitcoin subreddit上，用户抱怨他们的帖子持续数月遭受了审查和删除。该论坛历史上获得最多支持的帖子之一正是用户呼吁版主下台[4]。然而，这个帖子发布后不久就被删除了。2015年8月的第二天，Theymos宣布了r/Bitcoin将执行一项新的审核政策，审查所有关于BitcoinXT的讨论贴。这篇长贴标志着比特币历史上的另一个里程碑。该政策强调所有没有得到"核心开发者共识"的硬分叉都是不合法的。因此，BitcoinXT并不是真正的比特币，不应继续在平台上讨论。以下是该公告的一些摘录：

"r/Bitcoin的存在是为了服务比特币。如果XT的硬分叉被激活，它将与比特币分道扬镳，创造一个独立的网络，或有一个新的货币。因此，XT和支持它的服务商将不被允许出现在r/Bitcoin上……"

"讨论比特币硬分叉提议与推广分叉币或竞争网络之间有着本质的区别。后者显然违反了r/Bitcoin的既定规则，虽然不管人们做什么，比特币的技术都会继续正常运行，但即使是试图分裂比特币的尝试也会损害比特币生态系统和经济。"

---

4 Tiraspol, "These Mods need to be changed. Up-Vote if you agree", Reddit, August 16, 2015, https://archive.ph/rum9c

Theymos在一场问答中进一步解释了这个决定：

"为什么XT即使尚未与比特币分离，也被认为是山寨币？"

"因为它是有意被编程为要与比特币分道扬镳的，虽然XT尚未与比特币区分开来……"

"我还可以在r/Bitcoin上讨论硬分叉提议吗？"

"现在不行，除非你有一些新颖和重大的事情要说。在这个置顶帖子被移除后，可以讨论比特币的硬分叉，但任何未经共识的硬分叉是不被允许的，因为那样的软件不是比特币。"

"你怎么判断没达成共识？"

"共识的标准很高，不是多数同意就行。一般来说，共识意味着几乎所有人都同意。在硬分叉的特定情况下，'共识'意味着'几乎没有可能性表明硬分叉会导致比特币经济分裂成两个或多个不可忽视的部分'。"

"我几乎可以肯定XT没有共识，因为比特币核心开发者Wladamir、Greg和Pieter都反对它。这足以阻止共识……"

Theymos表示在如此高的标准下，8MB的区块将永远无法实现：

"如果某个特定的硬分叉提议永远无法达成共识，那么这个硬分叉就永远不该发生。仅仅因为你想要某件事，并不意味着你就有权从不想要的人那里劫持比特币，哪怕认同你的人是多数（而在这种情况下并不是）。这不是一个能通过足够的政治手腕来实现自己愿望的民主国家。要么达成共识，要么接受现状，要么创建你自己的山寨币……"

在声明的末尾，他补充说，即使所有人都不同意他或厌恶这种审查，他也毫不在意：

"如果90%的r/Bitcoin用户认为这些政策是不可接受的，那么我希望这90%的r/Bitcoin用户离开。r/Bitcoin和这些人都会为此感到庆幸。5"

比特币社区对此非常愤怒。Theymos的声明是比特币历史上的另一个黑暗里程碑，引发了巨大的反应。该帖子下有超过一千条评论，以下是一些典型的回应：

"称XT为山寨币是荒谬的，无非是从语义的角度给XT贴标签。这个话题应该被允许讨论，禁止讨论是对社区的严重不公。"

"如果在这里唯一可以讨论的就是比特币核心，请将这个子版面改名为r/bitcoincore。把它叫做r/bitcoin，却禁止讨论其他客户端和共识规则，这是误导……"

另一位用户讽刺道：

"恭喜r/bitcoin，你们终于当上了比特币的CEO，现在你们有了中央权威来告诉你们该如何思考和行动。你们不再需要自己思考和决定了，由Theymos决定什么是比特币，比特币的法律和规则，开发者该如何决策……如果你对比特币有任何疑问，找Theymos替你做决定就行了……"

---

5 Theymos, "It's time for a break: About the recent mess & temporary new rules", Reddit, August 17, 2015, https://www.reddit.com/r/Bitcoin/ comments/3h9cq4/its_time_for_a_break_about_the_recent_mess/

还有一位用户猜测版主可能被人收买了：

"我认为应该讨论下版主是不是已经被收买了，银行（或其他人）可能通过控制讨论来获利。"

Theymos对自己的决定毫不掩饰，他在后来被泄露的对话中透露了其审查策略：

"如果你认为这不会产生影响，那你太天真了。我在比特币之前就一直在管理论坛（其中一些非常大），我知道审查对人们的影响。从长远来看，禁止讨论会削弱XT劫持比特币的机会。虽然他们还有机会，但机会更小了。（同时对bitcointalk.org、bitcoin.it和bitcoin.org采取的行动也改善了这种情况）……我确实掌握了一些中心化网站的权力，我决定利用这些权力来造福整个比特币……6"

不论该行为是否道德，Theymos指出了通过管理论坛是可以有效地操作舆论的。这会教导用户质疑官方叙述是不被接受的，并将受到惩罚。在这种情况下，这对建立小区块思想的主导地位至关重要。直到今天，新用户仍然不知道他们只能接触到一种观点——一种中本聪本人会强烈反对的观点。当普通人在比特币维基百科页面等多个平台，以及各种论坛上遇到的信息相同时，他们甚至不会意识到还存在另一种观点，更不会生成自己有见地的看法了。随着时间的推移，这种信息操纵的力量是极其强大的。

6 "Theymos: "I know how moderation affects people." (Bitcoin censorship)", Reddit, September 16, 2015, https://www.reddit.com/r/ bitcoin_uncensored/comments/3l6oni/ theymos_i_know_how_ moderation_affects_people/

余波效应

Theymos决定审查所有关于BitcoinXT的讨论，这不仅激怒了普通的比特币用户，也激怒了其他论坛版主。Theymos发布声明几天后，一位名为"jratcliff63367"的版主撰写了一篇名为《r/Bitcoin版主的忏悔》的文章。其中一段写道：

"Theymos利用他对r/bitcoin的集中控制权来压制所有关于bitcoin-xt的辩论和讨论，这违背了一个核心原则。作为一个去中心化的点对点网络，任何集中的控制点都是有问题的……他一个人掌握了社区讨论比特币未来和演变的两个最大交流平台的绝对集中控制权……"

"他对什么可以讨论、什么不可以讨论拥有绝对的权力，包括对这两个最大媒体渠道的叙述进行完全的、彻底的审查权。[7]"

在公开批评Theymos的文章发布十天后，jratcliff63367被撤下了r/Bitcoin版主的职位。他后来推测，自己被撤职是因为暗示核心开发者可能已经被"一股势力"所影响：

"核心开发者或许已经被'特务'接触并施加了影响，这不是没有道理的。削弱比特币，以至于几乎所有的价值都必须通过侧链流动，只有大型机构才能访问核心网络，这将是世界各国政府视为重大问题的一个绝佳解决方案……"

"政府实际上并不在乎是否存在比特币这样的'新资产类别'。资产类别有千千万万，他们不在乎是比特币还是其他资产。他们只关

---

7 John Ratcliff, "Confessions of an r/Bitcoin Moderator", Let's Talk Bitcoin, August 19, 2015, https://archive.ph/6loqD

注人们是否有能力绕过追踪和拦截的情况下转移价值。如果只有大银行可以直接访问区块链……你应该明白其中的意义。[8]"

这种强硬的审查制度至今依然存在，并且陷入这一信息泡沫中的人群规模更大了。舆论操纵的影响不容小觑。很多人开始对比特币感到困惑巨大困惑正是因为少数人故意过滤掉一切挑战他们叙述的信息，生怕担心会最终挑战了他们的权力。不幸的是，全面的审查和统一口径并不是对BitcoinXT使用的唯一手段。更具攻击性的措施也随之而来。

DDoS攻击的开始

SlushPool是一个比特币矿池。矿池是矿工们调节收入的标准方式。没有矿池，单个矿工必须等到他们自己找到一个区块才能赚取比特币。但通过矿池，矿工们可以将他们的哈希算力集中在一起，分享区块奖励，从而显著增加他们的收入。几乎所有的矿工都是矿池的一部分。因此，在SlushPool允许对BIP101投票而遭到DDoS攻击后，很多人都受到了影响。2015年8月25日，SlushPool收到了攻击者的一封信，告诉他们攻击将持续到他们停止支持BitcoinXT[9]。《麻省理工学院技术评论》曾报道过：

"Alena Vranova……表示公司收到了信息，称攻击会一直持续，直到他们关闭客户投票支持Andresen的功能。[他们]被迫遵

8 "So long, and thanks for all the fish.", Reddit, August 30, 2015, https://www.reddit.com/r/bitcoin_uncensored/comments/3iwzmk/ so_long_and_thanks_for_all_the_fish/cuonqqu/?utm_source=share&utm_ medium=web2x
9 Tom Simonite, "Allegations of Dirty Tricks as Effort to "Rescue" Bitcoin Falters", MIT Technology Review, September 8, 2015, https:// www.technologyreview.com/2015/09/08/166310/allegations-of-dirty- tricks-as-effort-to-rescue-bitcoin-falters/

守这一要求，因为本次攻击足以导致一些Slush Pool矿工出现连接问题。'这是一种破坏性的行为，'Vranova说。'我钦佩那些勇敢站出来解释和推广自己想法的人。[但]这种攻击只是懦夫的表现'……"

另一个受害者是位于洛杉矶的Web托管公司ChunkHost。它没有收到任何威胁，但攻击集中在一个刚刚将其比特币ATM软件切换到BitcoinXT的客户身上。ChunkHost的创始人Josh Jones说："显然他一切换，就受到了攻击。"

其他运行BitcoinXT的用户也报告了类似的情况。一位用户在论坛上写道：

"看来冲突已经变得相当激烈，一些更极端的核心支持者开始对XT节点发起DDoS攻击……根据XTNodes.com上XT节点的下降，可以推测这次攻击开始于24小时内，而我的一个节点在这段时间内被攻击了三次，这是我运行比特币节点的专用IP……"

"这些人真的认为他们可以通过这种方式'解决'问题吗？如果这种情况继续下去，会很容易看到人们对非XT节点宣战，然后我们就会进入一场没有人想要的战争。10"

在接下来的几周里，论坛上开始充满了类似的故事。另一位用户声称他的整个小镇因一次这样的攻击而被迫断网：

"我遭到了DDoS攻击。这是一场大规模的DDoS，导致整个（农村）ISP瘫痪。五个小镇上的每个人都断网了几个小时……都是因为

---

10 Celean, "UDP flood DDoS attacks against XT nodes", Reddit, August 29, 2015, https://www.reddit.com/r/bitcoinxt/comments/3iumsr/ udp_flood_ddos_attacks_against_xt_nodes/

这些罪犯。这确实让我不想再托管节点了。[11]"

MikeHearn参与了部分讨论，并在某个帖子中补充道：

"攻击者告诉矿池，必须停止挖出支持BIP 101的投票区块才会停止攻击。显然，这是一个俄罗斯的比特币支持者，他坚持每个人都应该使用Core。[12]"

不允许有竞争

核心开发者不希望让矿工决定谁是主要客户端。就像在区块大小限制的问题上一样，他们认为这会损害比特币的去中心化。Hearn指出，如果没有这种机制，很明显对去中心化造成威胁的将是Core对协议的垄断：

"目前，损害比特币去中心化最严重的人是Blockstream和Wladimir，他们告诉用户，使用区块链作为投票机制（过去可以这样做）是鲁莽的，并且会破坏比特币的价值。这种论点的逻辑推论是，只有比特币核心开发者，实际上只有Wladimir，才能改变比特币协议的大部分内容。因此，他们实际上扮演着'比特币的CEO'，这与去中心化的理念完全相反。"

"如果你不能在原始项目做错事时分叉并修改代码，那么开源有什么意义？如果有这种信念，比特币的去中心化又怎么能

11 Sqrt7744, "PSA: If you're running an XT node in stealth mode, now would be a great time disable that feature, DDOS attacks on nodes (other than Coinbase) seem to have stopped, it's a great time to show support publicly.", Reddit, December 27, 2015, https://www.reddit.com/r/bitcoinxt/ comments/3yewit/psa_if_youre_running_an_xt_node_in_stealth_mode/
12 Jasonswan, "The DDoSes are still real", Reddit, September 3, 2015, https://www.reddit.com/r/bitcoinxt/comments/3jg2rt/the_ddoses_are_ still_real/cupb74s/?utm_source=share&utm_medium=web2x

实现？[13]"

r/Bitcoin的版主Hardleft121也认同Hearn的帖子，他表示"每个人都应该读读这篇文章。事情本不应该是这样的。Mike和Gavin是对的。"然而，Hardleft121很快被Theymos撤下了版主职位。

Coinbase的CEO Brian Armstrong在接受Bitcoin Magazine采访时，谈到了Coinbase对BIP101和BitcoinXT的立场。他表示：

"我们对所有增加区块大小的提案持开放态度……在我看来，BitcoinXT是迄今为止的最佳选择。不仅因为它有可行的代码，还因为它的实现简单易懂，区块大小的增加很合理，我对项目背后的人也有信心。"

"在这个阶段，我建议让Gavin作为BitcoinXT的最终决策者，并让行业在Mike Hearn、Jeff Garzik和其他志愿者的协助下转向这个解决方案……"

"无论比特币核心是否更新，我们都会进行升级……我对比特币核心在这个问题上行动如此迟缓感到失望，我们对切换分叉持开放态度。[14]"

当天，这次采访被转发到r/Bitcoin上，并激怒了Theymos，他立即警告称Coinbase可能因不服从而被在线论坛惩罚和审查：

---

13 Oddvisions, "I support BIP101", Reddit, September 3, 2015, https:// www.reddit.com/r/Bitcoin/comments/3jgtjl/comment/cupg2wr/?utm_ source=share&utm_ medium=web2x&context=3

14 Aaron van Wirdum, "Coinbase CEO Brian Armstrong: BIP 101 is the Best Proposal We've Seen So Far", Bitcoin Magazine, November 3, 2015, https://bitcoinmagazine.com/technical/coinbase-ceo-brian- armstrong-bip-is-the-best-proposal-we-ve-seen-so-far-1446584055

"如果Coinbase在coinbase.com上向客户推广XT并/或将其所有完整节点切换到BIP101软件，那么Coinbase使用的将不再是比特币，因此也就不该再出现再r/Bitcoin上。这同样适用于bitcointalk.org（Coinbase将被划分在山寨币部分）。Bitcoin.it和bitcoin.org也有类似的政策。事实上，由于你们过去在这个问题上的声明，Coinbase几乎已经从bitcoin.org上被移除。[15]"

2015年12月，Coinbase宣布他们在服务器上运行BitcoinXT并支持BitcoinXT，但他们仍对其他提案持开放态度[16]。作为回应，Bitcoin.org的所有者立即将Coinbase从他们的网站上移除。此举立刻引发了轰动，因为Coinbase可能是全球拥有最多比特币用户的公司。这次移除是由Bitcoin.org的另一位神秘所有者，化名为"Cobra"的人做出的，他表示：

"Coinbase在他们的生产服务器上运行BitcoinXT。XT是一种有争议的硬分叉尝试，一旦生效，将创建一个新的山寨币并导致社区和链分裂。如果这真的发生了，Coinbase的客户会发现他们不再拥有任何真正的比特币。"

"此拉取请求将Coinbase从'选择钱包'页面上移除，以保护新用户免于站在区块链分叉的错误一方。Bitcoin.org应该只推广比特币服务。使用XT的公司不符合这一标准，因为他们支持分叉区块链并切换到没有广泛共识的新、不兼容的货币。[17]"

15 Desantis, "Coinbase CEO Brian Armstrong: BIP 101 is the Best Proposal We've Seen So Far", Reddit, November 3, 2015, https://www. reddit.com/r/Bitcoin/comments/3rejl9/coinbase_ceo_brian_armstrong_ bip_101_is_the_best/cwpglh6/
16 Brian Armstrong (@brian_armstrong), Twitter, December 26, 2015, https://archive.ph/PYwTA
17 Cobra-Bitcoin, "Remove Coinbase from the "Choose your Wallet" page #1178", Github, December 27, 2015, https://github.com/bitcoin-dot- org/bitcoin.org/pull/1178

这一声明再次引起了许多比特币用户的不满。开发者Jameson Lopp写道：

"分叉并不意味着是山寨币。在BIP101分叉发生之前，运行XT的公司肯定是在运行比特币。如果发生硬分叉，这些公司仍然可能在运行比特币——必须在分叉后判断哪条链是赢家。在没有发生分叉的情况下，将公司移除为'不运行比特币'为时过早。[18]"

比特币老将Olivier Janssens声称，这一举动是对Coinbase"敢于公开反对Core开发者[19]"的报复。然而，就像审查决定一样，并不是所有的回应都是负面的。一位用户表示支持这一举动，认为这将为让公司与Core保持一致建立先例：

"我们绝对需要迫使Coinbase切换回比特币核心。如果我们不采取任何行动，我们将树立一个危险的先例，即允许其他钱包和服务脱离共识。[20]"

有趣的是，"共识"被用来代表少数核心开发者的立场，而不是大多数行业参与者的立场。2015年，如果有任何实际的共识，那就是需要立即提高区块大小限制。但尽管存在的反对意见，Coinbase还是被Bitcoin.org网站移除，并在第二天因DDoS攻击而下线[21]。

---

18 Ibid.

19 Oliver Janssens (@oliverjanss), Twitter, December 27, 2015, https:// twitter.com/ olivierjanss/status/681178084846993408?s=20

20 Cobra-Bitcoin, "Remove Coinbase from the 'Choose your Wallet' page #1178", Github, December 27, 2015, https://github.com/bitcoin-dot- org/bitcoin.org/pull/1178

21 CrimBit, "Hackers DDoS Coinbase, website down", Bitcoin Forum, December 28, 2015, https://bitcointalk.org/index.php?topic=1306974.0

第十七章

篡改支付路线

"比特币社区的改变让我感到害怕。任何与主流意见不一致的观点都会被压制。[1]"—查理·李，莱特币创始人

BitcoinXT对于小区块支持者构成了真正的威胁。因此，他们开始攻击它，声称它会危及整个比特币网络的完整性。因为核心开发者不批准，XT被视为"有争议的"，被认为太过冒险，甚至是鲁莽的，任何人都不应该支持它。然而，早在2010年中本聪就描述过这种升级方式。当一个论坛成员询问如何增加区块大小限制时，他回答说:

"可以像这样逐步引入:

if (blocknumber > 115000) maxblocksize = largerlimit

可以提前多个版本生效，这样当达到那个区块号码并生效时，旧版本将已经过时。当我们接近截止区块号时，我可以向旧版本发

1 Cobra-Bitcoin, "Remove Coinbase from the "Choose your Wallet" page #1178", Github, December 27, 2015, https://github.com/bitcoin-dot-org/ bitcoin.org/pull/1178#issuecomment-167389049

出警告，以确保他们知道必须升级。[2]"

中本聪的方法一如既往地简单明了。他建议创建一个硬分叉升级，在未来的某个预定时间增加区块大小限制。这样，矿工就有足够的时间来升级他们的软件。中本聪并不关心"共识"——如果少数矿工不升级他们的软件，就会被网络淘汰。

不仅分叉是预期内的，它还被认为是比特币治理的一个组成部分。《连线》杂志曾这样评论XT的分叉之争：

"BitcoinXT提供了一个前所未有的清晰窗口，让我们能够观察开源世界。尽管这个例子很极端，但是它向我们展示了开源的高效性。为什么开源可以如此迅速地改变我们的世界。BitcoinXT暴露了开源理念的极端社会性——极端民主性的基础，这种方法使得开源比任何一个人或组织控制的技术更强大。[3]"

查理·李也评论了分叉作为一种治理机制的简洁性：

"就如其他人所说的，XT只有在获得矿工的超级多数投票后才会分叉。如果确实获得了超级多数……那么XT就会成为比特币。这就是中本聪设计系统的运行方式。[4]"

虽然在理论上，分叉的能力是对开发团队权力的一个极好的制衡，但在实践中，它仍然需要矿工、行业和用户之间的广泛协调。如果切换到新实现的风险太大、会产生过多的争议，矿工可能会决

2 Satoshi, "Re: [PATCH] increase block size limit", Bitcoin Forum, October 04, 2010, https://bitcointalk.org/index.php?topic=1347. msg15366#msg15366
3 Cade Metz, "The Bitcoin Schism Shows the Genius of Open Source", Wired, August 19, 2015, https://www.wired.com/2015/08/bitcoin-schism- shows-genius-open-source/
4 Cobra-Bitcoin, "Remove Coinbase from the "Choose your Wallet" page #1178", Github, December 27, 2015, https://github.com/bitcoin-dot-org/ bitcoin.org/pull/1178#issuecomment-167389049

定避免分叉以避免麻烦——这就是BitcoinXT遭遇的情况。

尽管公开支持更大区块，特别是BIP101，一些矿工由于核心支持者制造的争议开始退缩。在CoinTelegraph的一篇采访中，占据约20%算力的矿池AntPool表示:

"我们喜欢增加最大区块大小的想法，但如果BitcoinXT过于有争议，我们也不希望社区被分裂。[5]"

BTCChina的工程总监写道:

"我们一致同意Gavin的提议，这是一个平衡了各方要素的解决方案。8MB区块大小也是所有中国矿池运营商一致同意的数字。BTCChina Pool不会运行BitcoinXT，因为它还属于实验阶段，但我们期待看到这个补丁被合并到Bitcoin Core中。[6]"

不难理解矿工为何会更喜欢最简单的选项，即核心开发者突然觉悟并同意提高区块大小限制。整个行业都期盼如此，这也是为什么BitcoinXT花了几年时间才最终创建。然而，随着时间的推移，我们已经很清楚核心不会改变他们的想法，相信他们会改变无异于幻想。我们必须采取更果断的行动。

Bitcoin Core通过组织一系列"扩容比特币"会议，找到另一种掩盖和拖延的方式，试图说服矿工继续运行核心的软件。在这些会议上，他们同意提高区块大小限制，但仅提高到2MB而不是8MB。矿工们被敦促继续信任核心，等待更多的实质性升级。2015

---

5 Aaron van Wirdum, "Chinese Mining Pools Call for Consensus; Refuse Switch to Bitcoin XT", Cointelegraph, June 24, 2015, https:// cointelegraph.com/news/chinese-mining-pools-call-for-consensus-refuse- switch-to-bitcoin-xt
6 Ibid.

年8月，Blockstream的CEO Adam Back写道："我的建议是现在2MB，2年后4MB，4年后8MB，之后再重新评估。[7]"后来他在同年12月补充道："开发人员和矿工一致认为2MB是我们下一步的目标。[8]"

虽然2MB区块大小限制只是矿工期待的四分之一，但它仍然会使比特币的吞吐量翻倍，为区块变满和费用飙升之前争取到更多时间。在接下来的几年中，比特币生态就2MB多次达成一致，但最终每次都被核心破坏了协议。

虽然避免有争议的分叉的愿望是可以理解的，但中本聪的设计要求矿工们要有自己的主见，特别是在面对开发者控制时。这是一种平衡比特币内权力的机制，但最终，这取决于人类的选择，不能由软件本身强制执行。因此，当XT失败时，Mike Hearn认为这是比特币无法克服限制其成功的人类、社会和心理障碍的证明。他后来写道：

"关于矿工，我通过Skype打电话给他们……有一两个人直接拒绝和我交谈。一个矿工说他支持我，但不敢公开表示，以免影响币价。另一次对话是这样的：

矿工："我们同意提高区块大小，也同意核心不会这样做。"我："太好了！那你们什么时候开始运行XT？"矿工："我们不会运行XT。"我："呃，但你刚才说你同意我们的政策，也认为核心不会改变主意。"矿工："是的，我们同意你是对的，但我们永远

---

7 Adam Back (@adam3us), Twitter, August 26, 2015, https://twitter.com/ adam3us/status/636410827969421312
8 Adam Back (@adam3us), Twitter, December 30, 2015, https://twitter. com/adam3us/status/682335248504365056

不会运行除了核心之外的任何软件。那就意味着违背共识……我们不能运行XT，那太疯狂了。我们会等待核心改变他们的想法。"

那一刻我意识到一切不再有意义。大部分的算力都掌握在那些无法反抗权威的人手里。[9]"

"比特币实验的终结"

由于面临着恶意、审查、DDoS攻击和诉讼威胁，运行BitcoinXT的矿工数量急剧下降。看起来75%的矿工门槛已经无法实现了，Mike Hearn也表示受够了。如果比特币无法克服Core团队的集中控制权，并提高区块大小限制，那么在他看来，比特币已经失败了。

2016年1月14日，Mike撰写了最后一篇引人深思的文章《比特币实验的终结》[10]。在文中，他解释了为什么他认为比特币已经失败了：

"比特币失败了，因为社区失败了。比特币本该是一种新型的、去中心化的货币，没有'系统重要性机构'和'大而不倒'，现在却变成了一个完全由少数人控制的系统……我没有理由再相信比特币能比现有的金融系统更好。"

想一想。如果你从未听说过比特币，你会在意一个：

· 不能转移资金的支付网络

---

9 Mike Hearn, "AMA: Ask Mike Anything", Reddit, April 5, 2018, https://www.reddit.com/r/btc/comments/89z483/comment/dwup253/

10 Mike Hearn, "The resolution of the Bitcoin experiment", Medium, January 14, 2016, https://blog.plan99.net/the-resolution-of-the-bitcoin- experiment-dabb30201f7

- 费用不可预测，且不断上涨

- 买家在走出商店后，通过按下一个按钮就能取消付款（如果你不知道这个"功能"，那是因为比特币刚刚被改动以实现这一点）

- 遭遇大量积压和不稳定的支付

- 受中国控制

- 而且构建这个网络的公司和人们处于公开的内战中

我敢打赌你的答案是否定的。

Mike接着解释了区块大小限制的情况，并对中国矿工的不作为给予了沉重的指责——因为最终，矿工们确实有能力打破Core团队的控制：

"为什么他们不让[区块链]扩展呢？"

大概的原因有几个。一个是他们运行的"Bitcoin Core"软件的开发者拒绝实施更改。另一个原因是矿工们拒绝切换到任何竞争产品，因为他们认为这么做是不忠诚的——他们害怕被贴上分裂'的标签，并引发投资者的恐慌。他们选择无视问题，寄希望于问题会自动解决。

Mike还指出了另一个潜在的利益冲突。如果中国的防火墙确实让大区块对于中国矿工来说不可行，那么这给了他们一个"反常的经济激励，以阻止比特币变得流行"。与其说矿工有动力处理更多的交易来赚取交易费，不如说一个被削弱的互联网连接让有限的交易吞吐量和高费用更有利可图——这正是Core开发者所希望的结果！

在文章中，他抨击了线上肆虐的审查和洗脑式的宣传，针对XT节点的DDoS攻击，以及旨在拖延进展并劝说人们继续信任Core的"虚假会议"。特别是在评论"扩容比特币"会议时，他写道：

"不幸的是，这种策略极其有效。整个社区完全中招了。矿工和初创公司纷纷'在等Core在12月提高限制'，这成为了他们拒绝运行XT的最常见理由。他们害怕任何关于社区分裂的媒体报道，担心这会损害币价，从而影响他们的收入。"

"现在，最后一次会议已经结束，但Core根本没有计划提高限制，一些公司（如Coinbase和BTCC）才意识到自己被耍了。但为时已晚。"

Mike得出了一个悲观的结论：即使更换掉开发团队，中国的矿池中心化问题仍将存在：

"即使建立一个新团队来取代Bitcoin Core，算力集中在中国防火墙内的问题仍然会存在。当比特币被少于10个人控制时，它是没有未来的。而且这个问题没有任何解决方案：甚至没有人提出任何建议。对于一个一直担心区块链会被压迫性政府接管的社区来说，这是一个巨大的讽刺。"

在表达了不满之后，Mike以一种更为乐观的语气结束了全文：

"在过去的几周里，社区的更多成员已经开始接手我的工作。虽然建立一个替代Core的方案曾被视为是反叛行为，但现在已经有另外两个分叉（Bitcoin Classic和Bitcoin Unlimited）在争取关注。到目前为止，它们遇到了与XT相同的问题，但或许一批新的面孔能够找到前进的道路。"

如果从投资角度来看Mike的最后一篇文章，他显然错了。自他的文章发表以来，BTC的价格上涨了100多倍。但是，如果从BTC的实用性来看，他的论点依然成立。该技术的交易吞吐量仍然被限制在一个极小的水平。开发工作仍然由一个明确拒绝中本聪原始愿景的团队主导。托管钱包变得普遍，政府更容易监控和控制普通用户的资金。如果从普通人的替代货币这一用途来判断BTC，只能说它已经失败了。我们唯一可以说的是，它让早期投资者暴富了，并推动了加密货币行业的发展，这个行业有朝一日可能会为大众提供可靠的数字货币。

打破叙事

尽管Mike失去了耐心并退出了项目，但比特币的战斗远未结束。整个行业仍然面临一个生死攸关的问题：如果区块被填满，他们是否还能存在？V神也抱怨过五美分的交易费用——如果交易费用涨到十、二十或五十美元呢？这种不确定性是不可接受的，大多数公司都知道他们必须继续推动区块大小的增加。整个行业需要更好地协调，向公众警示比特币内部发生的操纵行为。这是一场关乎信息传播和比特币叙事的战斗。

在此期间，支持中本聪原始愿景的人写了几篇出色的文章。Jeff Garzik和Gavin Andresen合写了另一篇著名的文章《比特币的结算系统被人篡改了》他们警告说，比特币正在通过利用人为设定的区块大小限制，逐渐被转变成另一种系统：

"核心把区块大小卡在1M，把一个本该用来应对DoS限制的临时方案转变成了一个死政策......我们面临一个令人失望的局面：开发者共识与用户、企业、交易所和矿工希望增加区块大小的愿望脱节。不同的哲学理念和经济利益冲突重塑了比特币……"

"无所作为正在改变比特币,将其推向一条新路径……1M的限制逆转了比特币的网络效应,迫使用户退出核心区块链,转而依赖中心化平台……"

"为了消除长期的道德风险,核心区块大小限制应被动态化,置于软件控制范围之外,不受人为干预。比特币需要一条路线图来平衡过去六年中为整个生态系统成长努力工作的人的需求。"

Garzik和Andresen还评论了"扩容比特币"会议,表示这些会议并未实现其预定目标,只是在确定2MB限制足够低以达成普遍共识方面有所帮助:

"扩容比特币研讨会的一个明确目标是将混乱的核心区块大小辩论引导到一个有序的决策过程中去。可惜这并没有发生。事后看来,这一系列会议只是推迟了区块大小的决策,而交易费用和区块空间压力还在继续增加。"

"扩容比特币对调查区块大小的共识是有帮助的。2M似乎是最常见的共识。[11]"

Stephen Pair也加入了这场争论,他代表着全球最大的比特币支付处理商BitPay。该公司在一年内处理了价值超过十亿美元

---

11 Jeff Garzik, "Bitcoin is Being Hot-Wired for Settlement", Medium, December 29, 2015, https://medium.com/@jgarzik/bitcoin-is-being-hot- wired-for-settlement-a5beb1df223a#.850eazy81

的比特币交易[12]。通过一系列文章，Pair讨论了区块大小限制问题、BitPay对网络权力动态的分析，以及他对核心开发者认为中本聪的设计存在问题并需要修订这一观点进行了彻底否定：

"有些人认为，比特币更适合作为结算系统，而不是支付系统。这种观点源于他们不认为有一个真正去中心化的、无需信任的支付系统来满足全球人口的日常支付需求。他们认为，中本聪设想的纯粹点对点的电子现金版本比特币是无法实现的。"

"这简直是无稽之谈。完全可以实现。"

随后，他解释道，比特币的价值主张首先在于它作为支付系统的角色，一旦成功，它未来也可以发展成为一个结算系统：

"历史表明，结算系统必须首先起步于被广泛接受的支付系统……如果比特币首先能够很好地作为支付系统运行，那么它也会成为一个很好的结算系统。比特币的限制应当仅由实际处理能力所决定，而不是人为设定的上限。[13]"

Pair还回应了关于矿工对系统安全构成威胁并需要削弱其权力的观点。在一篇题为《矿工控制比特币……而这是一件好事》的文章中，他捍卫了中本聪的设计，并解释了这种设计如何保持比特币的去中心化：

"几周前，我与某人进行了一次对话，他表示应当从矿工手中夺取一些控制权。我觉得这个观点很有趣。问题是，如果你从矿工

---

12 "BitPay's Bitcoin Payments Volume Grows by 328%, On Pace for $1 Billion Yearly", BitPay, October 2, 2017, https://web.archive.org/ web/20200517164537/https://bitpay.com/ blog/bitpay-growth-2017/

13 Stephen Pair, "Bitcoin as a Settlement System", Medium, January 5, 2016, https:// medium.com/@spair/bitcoin-as-a-settlement-system- 13f86c5622e3#.59s53nck6

手中夺走了一些权力，那你又将这些权力交给了谁呢？"

"比特币赋予了矿工对网络运行的全部控制权，而任何人都可以成为矿工。这种集体协调行动使得比特币成为一个强大、新颖且革命性的系统。削弱矿工对比特币的控制就是在削弱比特币的根本。"

尽管中本聪赋予了矿工这些权力，Pair也承认，如果矿工拒绝做出决策，或者他们根本没有意识到自己拥有这些权力，那么这些权力也可能被放弃：

"矿工可以委托他们的权力。他们可以选择让矿池来生成区块，从而让矿池强制执行共识规则或对交易进行审查。矿工也可以让其他人控制他们运行的软件以及该软件执行的规则。开发者、矿池或任何其他非矿工利益相关者之所以在共识规则上有发言权，仅仅是因为矿工选择（有意或无意地）委托了他们的权力。[14]"

Pair的观点在2016年时很常见，但今天几乎已经听不到了。事实上，如果新手试图了解比特币的设计，他们很可能会查看比特币维基页面，该页面有篇标题为《比特币不由矿工统治》的文章专门来讨论这个问题。文章告诉读者，完整节点设定并控制比特币的规则，而不是矿工。根据这篇文章的说法，节点有能力不升级软件来制衡矿工：

"如果矿工挖出违反共识规则的区块，那么所有运行完整节点的人都将拒绝这些区块；这些区块不会生成比特币，也无法确认任何交易。由于大部分经济活动都在某种程度上依赖于完整节点来

---

14 Stephen Pair, "Miners Control Bitcoin: …and that's a good thing", Medium, January 4, 2016, https://medium.com/@spair/miners-control-bitcoin-eea7a8479c9c

验证交易，这就阻止了那些产生无效区块的矿工打破规则，哪怕是100%的矿工都这么做。[15]"

然而，正如在第六章中解释的那样，如果大多数矿工决定改变他们运行的软件，而某些节点运行不兼容的软件，那么这些节点就被分叉出去。完整节点本身没有生成区块的能力，因此也无法单独处理交易。网络可以在没有这些节点的情况下正常运行，但如果没有矿工，网络就会停止运作。有些人认为比特币的设计是为了让在地下室运行节点的业余爱好者能够阻止投入数亿美元基础设施的矿工升级软件，这种想法是荒谬的。然而，维基上的这篇文章却加倍强调，如果大多数参与者不运行自己的节点，整个系统就会变得不安全：

"如果大部分人没有运行独立的完整节点，那么比特币就会被某人所统治。如果大多数经济体使用SPV样式的轻量级节点……那么比特币就会由矿工统治，这是不安全的。"

这种观点违背了中本聪的哲学理念。不仅如此，文章还得出了一个荒谬的结论：

"这一切会导致比特币没有'治理'；比特币没有被治理。没有任何人或团体可以将他们的观点强加给其他人，甚至比特币的定义都可能是主观的……实现这种'非治理'曾是比特币的一个主要愿景之一，它是比特币相对于传统系统的最大优势。比特币系统本身和比特币社区都会竭力抵制任何削弱这一特性的企图。[16]"

---

15 "Bitcoin is not ruled by miners", Bitcoin Wiki, August 18, 2023, https://en.bitcoin.it/wiki/Bitcoin_is_not_ruled_by_miners

16 "Bitcoin is not ruled by miners", Bitcoin Wiki, August 18, 2023, https://en.bitcoin.it/wiki/Bitcoin_is_not_ruled_by_miners

任何理解比特币历史和网络设计的人都不会认为它是一个没有治理的系统。像"非治理"这样的术语，和"数字黄金"一样，只是一个吸引人的口号，会误导人们对比特币真实设计的理解。值得注意的是，这篇自称代表比特币社区的文章，正是由控制了主流讨论平台的Theymos所撰写的。

第十八章

从香港到纽约

"Bitcoin Core团队让比特币网络走到这一步是极其不负责任的，我认为这反映了他们的动机和团队的能力。"[1]——Coinbase首席执行官Brian Armstrong

2016年初，超过90%的网络算力表示支持提高区块大小到2MB以上[2]。虽然BitcoinXT未能成为实现这一目标的实施方案，但另一个替代方案迅速取代了它的位置。由Gavin Andresen和Jeff Garzik领导的Bitcoin Classic因其保守的替代方案迅速获得了人气，仅将区块大小限制增加到2MB。与XT类似，Classic也设置了一个门槛，即在达到75%的算力支持后才会增加区块大小限制。Classic网站创建几天后，50%的算力表态支持这一新实现[3]。《华尔街日报》报道称：

---

1 "What Happened At The Satoshi Roundtable", Coinbase, March 4, 2016, https://blog. coinbase.com/what-happened-at-the-satoshi- roundtable-6c11a10d8cdf

2 "Consensus census", Google Docs, https://docs.google.com/ spreadsheets/d/1Cg9Qo9Vl5 PdJYD4EiHnIGMV3G48pWmcWI3NFoK KfIzU/edit#gid=0

3 "49% of Bitcoin mining pools support Bitcoin Classic already (as of January 15, 2016)", Reddit, January 15, 2016, https://www.reddit.com/r/ btc/comments/414qxh/49_of_bitcoin_ mining_pools_support_bitcoin/

"[一个名为Bitcoin Classic的提议]从XT/Core辩论的灰烬中涅槃重生。这一方案会把比特币的区块提高到2MB，并设置了随着时间推移逐步提高限制的规则。这一软件正在获得更多的支持。[4]"

尽管Classic瞬间受到了广泛欢迎，但并非所有人都准备好从Core分叉出去。BTCC矿池虽然支持增加区块大小限制，但对Classic持怀疑态度。他们更倾向于让Core增加限制来避免争议：

"我们支持2MB，但我们不会签署支持Bitcoin Classic...只是因为别人都在支持它，并不意味着你在没有进行认真分析的情况下就自动跳上车...我们还是希望由Core主动扩容到2MB，然后再激活[SegWit]。[5]"

"SegWit"是"Segregated Witness"（隔离见证）的缩写，我们会在下文进行解释。

但是等待Core采取行动是不可靠的。Eric Voorhees是广受欢迎的Satoshi Dice游戏和ShapeShift交易所的创始人，他督促BTCC支持Classic——哪怕只是为了向Core施压以达成妥协：

"Core唯一可能扩容到2MB的动机是他们意识到Classic（或其他方案）将采取硬分叉。如果你的愿望是让Core增加到2MB，签署支持Classic可能是最有效的途径。[6]"

4 Paul Vigna, "Is Bitcoin Breaking Up?", The Wall Street Journal, January 17, 2016
https://archive.ph/lK24o#selection-4511.0-4511.263
5 "49% of Bitcoin mining pools support Bitcoin Classic already (as of January 15, 2016)",
Reddit, January 15, 2016, https://www.reddit.com/r/ btc/comments/414qxh/comment/
cz063na/?utm_source=share&utm_ medium=web2x&context=3
6 "49% of Bitcoin mining pools support Bitcoin Classic already (as of January 15, 2016)",
Reddit, January 15, 2016, https://www.reddit.com/r/ btc/comments/414qxh/comment/
cz0hwzz/?utm_source=share&utm_ medium=web2x&context=3

到2016年2月底，这种强压措施似乎开始奏效。Core在香港召开了一个紧急会议，参会的有多家大型矿池、公司以及关键的Core开发者。

香港协议

行业的目标很明确：找到一种方法来扩展比特币，以避免即将到来的网络崩溃，并且要避免破坏社区。而Core开发者的目标则不同。他们首先要维护自己的职位，因为他们面临被解雇并被Bitcoin Classic取代的威胁。因此，他们要求矿工只运行Core软件，只有这样他们才会小幅地增加区块大小。2016年2月20日，行业达成了"香港协议"（HKA）[7]。协议的两个关键部分是：

1. 将区块大小限制通过硬分叉升级到2MB。

2. 通过软分叉升级启用SegWit。

矿工承诺："我们将在可预见的未来只运行与Bitcoin Core兼容的共识系统，并最终兼容SegWit和硬分叉。"协议还附有时间表。SegWit将于2016年4月发布，硬分叉的代码将于7月发布，硬分叉将在次年7月左右启动。由于Classic的目标是2MB，而Core也承诺了这一目标，因此矿工接受继续支持Core。只要再坚持几个月，他们就可以在不引发争议的情况下将区块大小提高到2MB。

与提高区块大小相比，SegWit将对软件进行更为复杂的改进。它会改变交易的结构。SegWit略微提高了交易吞吐量，但其主要目的是使Lightning Network等第二层解决方案更容易构

7 Bitcoin Roundtable, "Bitcoin Roundtable Consensus", Medium, February 20, 2016, https://medium.com/@bitcoinroundtable/bitcoin- roundtable-consensus-266d475a61ff#.8vbwu3ft7

建。Dr.Peter Rizun等人[8]对SegWit提出了重要的批评。批评者指出了潜在的安全漏洞，大家也普遍承认该代码带来了严重的"技术债务"，会永久地增加软件的复杂性。软件越复杂，越难处理，也就越容易犯错误，而SegWit则极大地增加了复杂性。业内的每个钱包都必须重新编写才能安全地接受SegWit交易——这是当时几家公司提出的反对意见。

尽管存在批评，但我对SegWit并没有强烈的看法。对我来说，比特币最重要的特点是拥有快速、廉价、可靠且不被第三方审查的交易。如果SegWit能增强这些特性，那么它就是个好主意。如果它削弱了这些特性，那么它就是个坏方案。然而，仅凭它本身并不足以极大的增加交易吞吐量。但是，考虑到2016年情况的紧迫性，这变成了一个可以接受的妥协方案，能够在不分裂网络的前提下来提高区块限制（如果Core会兑现他们的承诺）。

虽然HKA并未获得一致支持，但它确实获得了参与矿业的几家关键公司的签名，包括占据相当大算力比例的AntPool、Bitmain、BTCC和F2Pool。一些加密货币交易所也签署了协议。五位Core开发者在协议上签了字，Blockstream的CEO Adam Back也签了字。Brian Armstrong则坚决反对这一协议，他从香港回到美国后更加确信必须尽快替换Bitcoin Core。参加完会议后不久，他写了一篇文章，警告"Core作为唯一处理协议的团队所带来的系统性风险"，并敦促切换到Bitcoin Classic：

"我们需要与中国矿工沟通这个升级路径。他们被误导了，以为只有这四五个人能安全地处理比特币协议，实际上是这个小团队

8 The Future of Bitcoin, "Dr. Peter Rizun - SegWit Coins are not Bitcoins - Arnhem 2017", Youtube, July 7, 2017, https://www.youtube. com/watch?v=VoFb3mcxluY

对他们的业务构成了最大风险……升级Bitcoin Classic，并不意味着我们需要永远与Classic团队合作，这只是目前规避风险的最佳方案。未来我们可以采用任何团队的代码。"

这篇文章还重申了拥有多个软件实现来保持比特币健康并避免开发者控制的必要性：

"我的总体看法（我在上周末的圆桌会议上阐明了这一点）是，比特币在有多方参与协议开发的情况下会更加成功，而不是由一个团队来掌控协议开发。我认为我们可以做到这一点。事实上，我们必须做到这一点……"

长期来看，我们需要组建一个新的团队来处理比特币协议。一个欢迎新开发者加入社区、愿意做出合理权衡并帮助协议继续扩展的团队[9]。

香港协议并未阻止作恶者继续针对Bitcoin Classic发起攻击，正如他们之前对BitcoinXT所做的那样。另一轮DDoS攻击惩罚了运行Core替代方案的用户，在线论坛再次充满了关于攻击的故事。Blocky.com报道称：

"目前又发起了新一轮的攻击。一个关于可扩展性的小分歧引发了巨大的混乱，这揭示着我们社区中存在着犯罪行为。争论的分歧在于是否将区块提高到2MB以缓解当前的交易容量和区块满负荷运行的压力。[10]"

---

9 "What Happened At The Satoshi Roundtable", Coinbase, March 4, 2016, https://blog.coinbase.com/what-happened-at-the-satoshi- roundtable-6c11a10d8cdf

10 "Bitcoin Classic Nodes Under Heavy DDoS Attack", Blocky, February 28, 2016, https://web.archive.org/web/20160302070655/http:// www.blockcy.com/bitcoin-classic-nodes-under-ddos-attack

Bitcoin.com也遭到了攻击。我们的ISP被迫关闭了服务器数小时。当时的CTO Emil Oldenburg表示：

"此次攻击的目的是恐吓任何运行Bitcoin Classic的人。这与之前对BitcoinXT的攻击手法如出一辙。攻击的原因是因为矿工们开始挖Bitcoin Classic区块，并且支持率已经远超XT。"

"某些人或某些团体正在购买DDoS攻击来阻止Classic节点和区块的增长。一些Core开发者和Adam Back声称'比特币不是民主国家'，这确实符合当前的治理模式；但随着审查制度、角色暗杀、对不同党派支持者的攻击以及对自由选择的破坏，当前的治理模式让人想到了朝鲜。[11]"

CoinTelegraph杂志报道了F2Pool（占比特币总算力四分之一的中国矿池）在允许矿工运行Classic后立即遭到攻击的故事：

"在F2Pool团队宣布通过启动子矿池'测试'Bitcoin Classic、并允许矿工挖Bitcoin Classic区块后，攻击便开始瞄准F2Pool比特币矿池。[12]"

这些攻击再次证明了其有效性。Bitcoin Classic在2016年3月中旬达到了最高支持率，随后迅速下降。

这并不难理解。运行Bitcoin Classic存在争议，可能导致网络分裂，这势必会招来DDoS攻击。此外，Classic仅将区块大小升级到2MB，而Core在香港协议中已经承诺了这一点。因此，对于许多

---

11 Drew Cordell, "Bitcoin Classic Targeted by DDoS Attacks", Bitcoin. com, March 1, 2016, https://news.bitcoin.com/bitcoin-classic-targeted-by- ddos-attacks/
12 Joseph Young, "F2Pool Suffers from Series of DDoS Attacks", Cointelegraph, March 2, 2016, https://cointelegraph.com/news/f2pool- suffers-from-series-of-ddos-attacks

矿工来说，信任Core是更安全的选择。不幸的是，他们的信任被辜负了，Brian Armstrong的批评也被证明是有先见之明的。Core开发者未能按时完成SegWit升级和提高区块大小的任务，他们并未遵守香港协议，比特币区块变得更加拥挤。

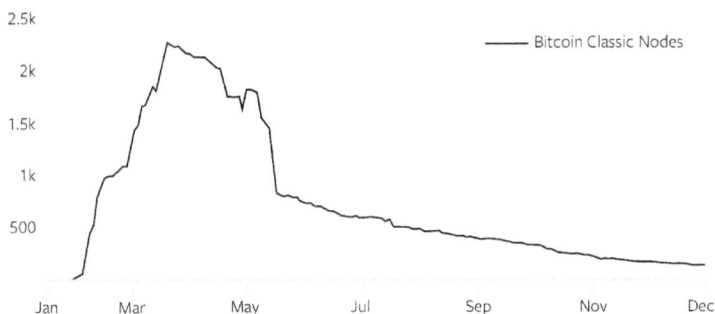

图6：活跃的Bitcoin Classic节点数[13]

加大信息审查力度

与此同时，围绕比特币主导叙事的战争愈演愈烈。猎獬的审查不是Core采取的唯一手段，一些重要的网站所有者变得更加肆无忌惮。2016年7月，Bitcoin.org的所有者"Cobra"想出了一个主意：也许可以通过修改白皮书来阻止新手了解比特币的原始设计：

"我注意到比特币白皮书……正在获得大量流量……几乎所有在阅读白皮书的人都是第一次接触白皮书，并将其作为学习资源。然而，由于白皮书已经过时，我认为它已经无法再让人们完整地理解比特币了……

---

13 Coin Dance, "Bitcoin Classic Node Summary" https://coin.dance/ nodes/classic, August, 2023

我认为白皮书中描述的比特币和bitcoin.org上描述的比特币存在分歧。或许在未来的某个时候，这份白皮书会带来更多的负面影响，因为它让人们误以为自己理解了比特币。"

Cobra随后提出了一个非同寻常的观点，即白皮书不是为了解释中本聪的原始设计，而是为了解释当前Bitcoin Core的软件如何运行：

"我见过一些人推广有害且疯狂的想法，然后引用白皮书中的部分内容来为其辩护。学术界也经常引用这份白皮书，并基于这份过时的白皮书进行某些推理和论证……

我相信这份白皮书的使命是概述当前的参考实现，现在白皮书已经过时，参考实现与2009年的版本有了显著变化，因此我们应该更新白皮书。[14]"

按照Cobra的逻辑，即使Core开发者大幅更改代码，以至于失去了与原始比特币的所有相似之处，白皮书也应该进行相应的修改以反映这些变化。Theymos立即在讨论中发表了评论，同意白皮书误导了新人：

"这建议很有趣。白皮书确实已经过时了，我经常看到有人说'只需阅读白皮书！'仿佛这份白皮书仍然是学习比特币的好方法……[15]"

幸运的是，这一提议遭到了强烈反对，最终阻止了白皮书被修改，但这并没有阻止Core的其他尝试。Theymos之后提出了另一

---

14 Cobra-Bitcoin, "Amendments to the Bitcoin paper #1325", Github, July 2, 2016, https://github.com/bitcoin-dot-org/bitcoin.org/issues/1325
15 Ibid.

个令人震惊的建议，即公司若想将其产品列入Bitcoin.org网站，必须宣誓效忠于小区块派的叙事：

> "一些公司认为是矿工控制着比特币。这是对比特币的最大威胁……我一直在考虑，Bitcoin.org是否应该采取比现在更强硬的措施。例如，要求钱包和服务商签署一份非常简单的承诺，承认比特币不受矿工控制，以便链接到bitcoin.org网站。[16]"

Cobra加入了讨论，再次批评白皮书并呼吁对其进行修订或彻底替换：

> "白皮书要为这些危险的信念负责。我们真的需要重写它，或者制作一份全新的白皮书，并称之为比特币白皮书。[17]"

这些言论令人震惊，足以展现他们的胆大妄为。两个身份不明的人控制着比特币生态中最重要的几个网站，并且迫切地希望通过审查、宣传，甚至重写历史来巩固他们的叙事。普通用户甚至不知道Theymos和Cobra的存在，更不会了解到他们是如何修改比特币叙述的历史。甚至是我私下交流过的一些知名投资者也不了解这些，因为要弄清楚这些历史需要大量的独立研究或长期参与这个行业。

BU、NYA、S2X及其他缩写

2016年过去了，SegWit和区块扩容都没有实现，而接下来的2017年则成为比特币历史上最为疯狂的一年。2017年1月，区块容

---

16 Theymos, "Policy to fight against "miners control Bitcoin" narrative #1904", Github, November 8, 2017, https://github.com/bitcoin-dot-org/ bitcoin.org/issues/1904

17 Ibid.

量一度超过90%，偶尔会达到1MB的上限。到了3月，平均交易费用超过了1美元，在不到一年的时间里增加了1000%以上。比特币早期企业家Charlie Shrem写道：

"如果我们不尽快实施大区块，Paypal会比比特币更便宜。我现在每笔交易已经要支付几美元了。停止阻碍增长的行为吧。[18]"

其他的替代方案开始获得支持。Bitcoin Unlimited（BU）团队希望用他们称之为"自发共识"的东西取代硬编码的区块大小限制。其基本思想是让矿工和节点自行设置限制，而无需任何人的批准。他们认为经济激励足以使网络保持协调和正常功能。我同意他们的看法。

尽管在2017年初获得了支持，BU仍然遭到了来自反对者如出一辙的攻击。在Reddit上，多个匿名用户表示他们打算不遗余力找BU的漏洞并最大限度地利用这些漏洞[19]。最终，他们成功了。到了3月中旬，超过一半的BU节点在一次有组织的攻击中被攻陷。虽然漏洞本身并没有造成太大损害，但它在关键时刻损害了BU开发者的声誉。彭博社在报道这次攻击的文章中写道：

"虽然漏洞被迅速修复，但这验证了批评者的观点：Unlimited的程序员缺乏解决比特币复杂拥堵问题的经验。最近几周，决定放弃达成社区共识的努力而支持Unlimited的矿工增加了。这一漏洞引

---

18 Charlie Shrem (@CharlieShrem), Twitter, January 19, 2017, https:// twitter.com/ CharlieShrem/status/822189031954022401
19 Andrew Quentson, "Bitcoin Core Supporter Threatens Zero Day Exploit if Bitcoin Unlimited Hardforks", CCN, March 4, 2021, https:// www.ccn.com/bitcoin-core-supporter-threatens-zero-day-exploit-bitcoin- unlimited-hardforks/

发了人们对矿工是否会继续支持BU的担忧。[20]"

经历了这些戏剧性事件后，比特币的市场份额也开始暴跌。年初，BTC占所有加密货币总市值的87%左右。到了5月，它跌至50%以下。比特币行业终于开始意识到多年来推迟扩容的后果。因此，另一场会议被组织起来，这次是在纽约。最大的经济参与者和核心开发也获邀出席。

与香港协议（HKA）相似，该会议迅速达成了一项保守的协议。SegWit将在80%的矿工支持下激活，并在六个月内将区块大小增加到2MB。这项协议后来被称为纽约协议（NYA）。但是，所有核心开发者都拒绝出席会议，因此其他参与者必须自己达成协议。我的公司Bitcoin.com签署了NYA，尽管我个人未能出席。如果我在那里，我会反对该协议存在问题：区块大小的增加被安排在SegWit激活后。如果在接受SegWit后，又有人组织了一场攻击所有核心替代方案的运动怎么办？矿工们最终是否会承诺支持替代实施方案？这是一场豪赌，结果成为了一个巨大的错误。

纽约协议获得了来自22个不同国家的58家公司签署，代表了全网83%的算力，每月链上交易量超过50亿美元，以及超过2000万个比特币钱包[21]。这个协议获得了广泛的支持，以至于即使是核心和SegWit的批评者也签署了协议。例如，矿池ViaBTC在前一

---

20 Yuji Nakamura, "Divisive 'Bitcoin Unlimited' Solution Crashes After Bug Discovered", Bloomberg Technology, March 15, 2017, https://web. archive.org/web/20170315070841/ https://www.bloomberg.com/news/ articles/2017-03-15/divisive-bitcoin-unlimited-solution-crashes-after- bug-exploit

21 Digital Currency Group, "Bitcoin Scaling Agreement at Consensus 2017", Medium, May 23, 2017, https://dcgco.medium.com/bitcoin- scaling-agreement-at-consensus-2017-133521fe9a77

个月写了一篇猛烈抨击SegWit作为扩容解决方案的文章，解释了他们为何不支持SegWit：

"网络容量现在是比特币最紧迫的问题……SegWit作为一种解决可塑性的软分叉方案，无法解决容量问题……即使在激活后，SegWit可以通过新的交易格式略微扩大区块大小，但仍远远落后于比特币网络发展的需求。"

"依赖于SegWit的第二层网络（如闪电网络）不能被视为区块扩容解决方案。LN交易并不等同于比特币的点对点链上交易，大多数比特币使用场景不适用于闪电网络。LN也会导致大支付"中心"，这与比特币作为点对点支付系统的初衷相违背。在某些情况下，它可以是一种用于频繁和小额比特币交易的好方法。但我们不能依赖它来解决比特币扩容问题。"

这篇文章接着解释了SegWit将如何加强Core团队对比特币协议的控制：

"作为比特币的参考实现，Bitcoin Core在社区中具有绝对的影响力。然而，他们的影响力与他们的行为是不对等的。通过滥用影响力，他们阻碍了比特币扩容，违背了社区的意愿。在某些情况下，核心团队明确支持对比特币主流论坛的审查，并禁止了许多与核心当前路线图有不同意见的知名开发者、企业和社区成员。今天，比特币急需多元化的开发团队和实现方案，以实现比特币开发的去中心化。"

"如果SegWit被激活，比特币在未来几年将别无选择，只能继续沿着Core当前的路线图走下去，这将进一步加剧一个无能的开发团队对比特币社区的影响，并排除比特币向多个方向发展的可能性。[22]"

尽管ViaBTC持有负面态度，他们仍然签署了NYA协议，以试图维护社区团结，并保留比特币来之不易的网络效应。到2017年6月，交易费用继续飙升，平均每笔交易费用超过5美元，比前一年增加了超过5000%。

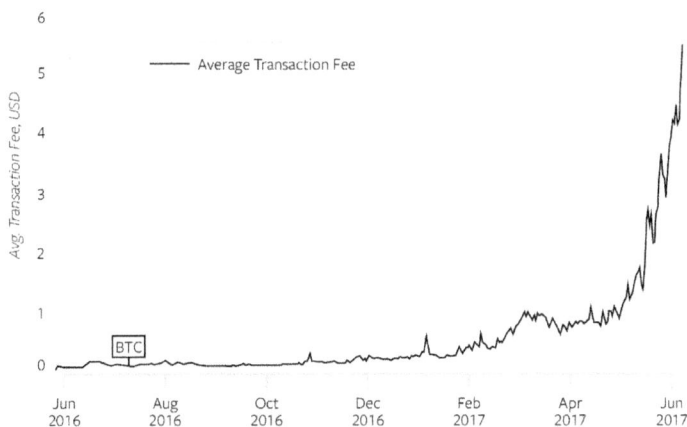

图7：2016年6月-2017年6月期间BTC的交易费均值

比特币的相对市值也达到了38%的新低，越来越多的人选择了像以太坊这样的替代链，这些链提供了更好的性能。绝大多数从业者同意比特币扩容的紧迫性，但Bitcoin Core开发者拒绝这么做。因此，其他开发者不得不加入其他软件库以实现这一目标。Jeff Garzik被选为这个新项目的首席开发者，他正在开发的代码被称为"SegWit2x"或"S2X"。

---

22 ViaBTC, "Why we don't support SegWit", Medium, April 19, 2017, https://viabtc. medium.com/why-we-dont-support-segwit-91d44475cc18

Core再次面临被解雇的风险。如果大多数矿工运行SegWit2x，生成一个超过1MB的区块，运行Core的矿工将被从网络中分离出来。更重要的是，比特币代码的控制权终于能从Core手中夺走。因此，又一场旨在妖魔化任何SegWit2x支持者的运动被发起了，而SegWit2x只是为了兑现HKA和NYA协议的代码。Greg Maxwell写道：

"几个月前，一些好心的小区块者跑去中国，来了解和协商相关事宜。结果他们被锁在一个房间里到凌晨三四点，直到他们同意在SegWit之后进行某种硬分叉。[23]"

论坛用户httpagent这样评价Core对圈外人的敌意：

"我最近注意到Core采用了一种'外人皆无知'的策略——基本上，这个策略就是社区成员声称所有核心开发团队以外的人都是无知的，不该对比特币的未发表意见。[24]"

2017年剩下的时间将成为Blockstream/Core与行业其他人士的对决。尽管多年来Core一直打着团结的名义声称会不惜一切代价避免分叉，但当时机到来时，Core的支持者并不真正渴望合作。他们准备在必要时分裂社区，并以各种必要的手段攻击对手。

---

23 Gmaxwell, "Re: ToominCoin aka "Bitcoin_Classic" #R3KT", Bitcoin Forum, May 13, 2016, https://bitcointalk.org/index.php?topic=1330553. msg14835202#msg14835202
24 Mike Hearn, Hacker News, Y Combinator, March 28, 2016, https:// news.ycombinator. com/item?id=11373362

第十九章

疯狂的帽子党

在Bitcoin Core发布SegWit代码后，他们要求95%的算力支持来激活该功能，实际上只给了矿工5%的否决额度。只要部分矿工不同意，他们就可以无限期地阻止SegWit的激活，为此Core团队受到了广泛的批评，指责他们门槛设置得过高。这也是为什么在纽约协议（NYA）中，激活所需的百分比被降低到80%。然而，在NYA之前，另一种计划开始试图强迫矿工们接受SegWit。

得不偿失的做法

匿名开发者ShaolinFry于2017年2月提出了"用户激活软分叉"（UASF）的想法[1]，尽管这一计划最初并未引起太多关注。UASF的目的是威胁矿工如果没有迅速采纳SegWit，就扰乱网络[2]。运行UASF代码的节点将拒绝接受不支持SegWit激活的区

1 Shaolinfry, "Moving towards user activated soft fork activation", Bitcoin-dev mailing list, February 25, 2017, https://lists.linuxfoundation. org/pipermail/bitcoin-dev/2017-February/013643.html

2 Jordan Tuwiner, "UASF / User Activated Soft Fork: What is It?", Buy Bitcoin Worldwide, January 3, 2023, https://www.buybitcoinworldwide. com/uasf/

块。因此，如果矿工生产的区块与UASF代码不兼容，这些节点将最终自我分叉，脱离主网络。虽然这听上去就是一个糟糕的想法，但如果他们能够招募到足够多具有经济影响力的节点来运行该代码，例如交易所、支付处理器或钱包提供商，那么理论上就可以实现他们的目标。用户可能会在不知情的情况下，被分叉到一个脱离大多数矿工的区块链上，导致资金丢失或支付失败。

UASF的设计者试图通过诉诸经济激励来推动他们的想法。除了可能的网络中断威胁外，他们认为矿工通过采用SegWit可以赚取更多的利润，因为它允许新的交易类型。矿工可以从原始格式和新格式的交易中赚取费用。UASF的目标是让立即采纳SegWit成为矿工们最简单的选择。

然而，UASF遭受了很多质疑。OB1的联合创始人Washington Sanchez博士声称，"UASF是一种别有用心的攻击行为。[3]"Sybil攻击是一种网络参与者无法区分诚实和不诚实行为的攻击方式。由于比特币节点容易创建，作恶者有可能通过创建大量不诚实的节点，使得诚实的节点难以相互连接。讽刺的是，比特币的工作量证明机制正是为了防止Sybil攻击而设计的。节点容易创建，但矿工却不是。通过要求矿工展示工作量证明，这大大提高了攻击网络的成本，而这种高成本是诚实行为者能够找到彼此的原因。UASF试图通过威胁将经济相关的节点从网络中分叉出来，来攻克这一保护机制。

---

3 Washington Sanchez (@drwasho), Twitter, May 17, 2017, https:// twitter.com/drwasho/ status/864651283050897408

矿工与全节点之争

UASF概念存在几个关键问题。其中最根本的是，鉴于比特币的设计，它仍然需要矿工的参与。即使UASF节点成功地将自己从主网络中分叉出去，只要没有矿工的合作，他们的链也无法生产新的区块。因此，它将立即瘫痪。如果UASF带走5%的算力，那么他们的链只能以正常速度的5%生产区块——不是平均每十分钟产生一个区块，而是需要两百分钟。他们也会受到"51%攻击"的威胁。51%攻击是指大多数算力都不诚实，导致整条链瘫痪。如果UASF支持者将5%的算力带到新的链上，这意味着95%的算力会留在BTC链上。也就是说只需要再有6%的矿工转移到UASF链上就能攻击它。89%的总算力留在BTC链上，11%的算力会留在UASF链上。而那11%中，超过一半都是敌对算力，就可以制造混乱。总而言之，中本聪的设计赋予了矿工决定区块链是否能正常运行的权力。

尽管UASF概念可能存在缺陷，但它确实提出了一个重要的问题：矿工是连接到全节点网络，还是全节点连接到矿工网络？幸运的是，答案是"两者都是"。虽然矿工构成了比特币的技术骨干，但他们并不独立于更广泛的经济网络。矿工仍然是以利润为导向的，这意味着他们必须考虑其他各方的需求，不能简单地推行变更而破坏币价。然而，如果过分关注少数意见，在长远来看也可能适得其反，特别是如果这阻碍了区块链的扩展。

UASF在最初没有获得太多关注，但随着最极端的小区块支持者加入其中，这一情况开始转变。比如Blockstream的首席战略官Samson Mow和Blockstream的雇佣员工Luke Dashjr都支持

UASF。Mow发起了一众筹活动，用于支持UASF提案[4]。接下来的几个月里，UASF在社交媒体上获得了更多的支持，尽管搞不清楚这种曝光是真实的还是刻意营造的。例如，在Twitter上，成百上千的账户会涌入有关比特币的公开讨论中，激进地推广UASF。这些账户中有很多都是新创建的，用的都是卡通头像，也没有粉丝关注。看上去这些账户专门用来分享他们对比特币的看法——他们每天花费数小时、持续数月地这样做。而在现实世界的聚会和会议上，每个群体中支持UASF的人寥寥无几，尽管他们在网上的声音很大。他们很快就成为会议中最具敌意和破坏性的比特币支持者，他们佩戴的迷彩帽上印有"UASF"字样。这些帽子都是Blockstream制作的，这样他们在人群中很有辨识度。

最终，BitFury和Samurai Wallet等公司宣布支持UASF。庆幸的是，这一运动的影响力并未达到临界规模。矿工们只是加快了SegWit的采纳进展，而这本就是NYA一部分的。SegWit原定于在2017年8月下旬激活，2x区块定于同年11月进行。

然而，SegWit和UASF的争论产生了另一个后果。它促使一群矿工制定了一个备选计划。一旦他们发现SegWit行不通，或者它的采纳导致了链的分裂，或者2x区块大小未能实现，他们就需要一个Plan B（备选方案）。因此，他们创建了一个替代实现，以便在不激活SegWit的情况下从BTC中安全地分叉出来，并立即将区块大小限制增加到8MB。这个实现被称为Bitcoin ABC——"ABC"代表"可调区块大小上限"，允许矿工在不需要开发者批准的情况下自行设置限制。Bitcoin ABC带来了一个新的网络，也因此带来了

4 Samson Mow (@Excellion), Twitter, March 22, 2017, https://twitter. com/excellion/status/844349077638676480

一个新的币种比特币现金（Bitcoin Cash）。BCH就这样诞生了，它并不是BTC的替代品，而是大矿工们的应急方案，用来应对BTC的升级失败。事实证明，这是一个未雨绸缪的好主意。

"比特币的敌人"

在SegWit激活后不久，一场新的运动取代了UASF。社交媒体工程师、信息控制者以及Blockstream的知名员工开始推动"NO2X"运动，拒绝SegWit2x中的"2X"部分，并将区块大小限制保持在1MB。这个挑战可不小，因为几乎所有的大企业仍计划进行2X升级，矿工的支持率也超过了90%。这种几乎全行业的支持被抹黑为"被企业接管"。这太讽刺了！因为NYA（纽约协议）之所以有必要，正是为了克服Blockstream对Core开发者的企业影响力。Adam Back说：

> "那些想要通过企业接管比特币的人违背了比特币的精神。他们是比特币的敌人。[5]"

Core开发者btcdrak也表达了类似的观点，他声称SegWit2x实际上会进一步集中比特币的开发：

> "从技术上、伦理上以及这个提案采用的过程来看，我都感到极为震惊……'替代实现'如此重要，这种草率的快速升级行动实际上是在进一步集中生态系统。[6]"

---

5 Adam Back (@adam3us), Twitter, October 3, 2017, https://twitter.com/ adam3us/ status/915232292825698305?s=20

6 Btc Drak, "A Segwit2x BIP", Bitcoin-dev mailing list, July 8, 2017, https://lists. linuxfoundation.org/pipermail/bitcoin-dev/2017-July/014716. html

比特币老兵早已预测到激进的小区块者会试图阻止2X升级，因此决定绕过Core。大家在不被审查的论坛上展开讨论，有人声称期望硬分叉不会发生就像相信阴谋论一样。用户jessquit回应了这种观点：

"你吃错药了，这么快就忘了过去N年里这个领域里作恶者的背信弃义？你显然已经屏蔽掉所有的历史……"

"SW2X确实可能按计划进行，达到80%以上的支持，并按计划进行硬分叉吗？是的。这绝对是有可能的。只不过需要100%的信任Core。[7]"

另一位用户也表示赞同：

"我不相信Blockstream和Core会兑现承诺，他们已经在香港协议中证明了这一点。他们过去公然违背了协议，对吧？这就像，骗我一次，是你的错，骗我两次……那是我活该。"

面对指责，Core采取了一种特别不诚实的策略，声称SegWit升级就是增加区块大小，暗示他们已经兑现了香港协议。Samson Mow在推特上表示：

"激活SegWit将终结比特币'内战'的假象以及网络分裂的硬分叉威胁。[8]"

Edmund Edgar对此持怀疑态度：

---

7 AlexHM, "BTCC just started signalling NYA. They went offline briefly. That's over 80%. Good job, everyone.", Reddit, June 20, 2017, https://www.reddit.com/r/btc/comments/6ice15/btcc_just_started_signalling_nya_they_went/dj5dsuy/
8 Samson Mow (@Excellion), Twitter, March 29, 2017, https://twitter.com/Excellion/status/847159680556187648

"他们的意思是，一旦他们得到SegWit，就再也不会增加区块大小。[9]"

对此，Mow回应道：

"SegWit就是增加区块大小。请你证明它不是。[10]"

这个说法被其他人毫不羞耻地多次引用，包括Adam Back[11]、Peter Todd[12]、Greg Maxwell[13]、Eric Lombrozo[14]，甚至在segwit.org网站上也是如此[15]。他们之所以提出这个说法，是因为SegWit改变了交易的结构。他们通过改变"区块大小"到"区块权重"的度量标准来实现这一点，本质上是对交易的不同部分赋予了不同的权重。通过这种新的计算方法，区块的实际大小可以略微超过1MB——目前的平均大小为1.3MB——但交易处理能力并不会显著增加。声称这符合2MB的定义是有误导性的——仿佛SegWit2x的支持者只想要包含更多数据的区块，而不管每个区块是否能处理更多的交易。如果使用"区块权重"的度量标准，SegWit2x就是8MB的区块权重，但实际上其处理能力与2MB的区块大小基本相同。SegWit单独只能提供香港和纽约协议之后行业计划容量的50%。如果SegWit真的是按照通常的定义增加了区

9 Edmund Edgar (@edmundedgar), Twitter, March 30, 2017, https://twitter.com/edmundedgar/status/847213867503460352

10 Samson Mow (@Excellion), Twitter, March 30, 2017, https://twitter. com/excellion/status/847273464461352960

11 Adam Back (@adam3us), Twitter, April 1, 2017, https://archive.ph/ WJdZj

12 Peter Todd (@peterktodd), Twitter, July 19, 2017, https://twitter.com/ peterktodd/status/887656660801605633

13 Nullc, "Segwit is a 2MB block size increase, full stop.", Reddit, August 13, 2017, https://archive.ph/8d6Jm

14 Eric Lombrozo (@eric_lombrozo), Twitter, April 20, 2017, https:// archive.ph/9xTbZ

15 "Is SegWit a block size increase?", Segwit.org, August 29, 2017, https://archive.ph/lEpFf

块大小，那么SegWit2x的争议根本不会存在。

"你们都是罪人"

Theymos和Cobra再次利用他们对一些核心网站的控制权来推动Core的叙述。Bitcoin.org发起了新一轮的行动，计划将支持SegWit2x的公司除名。Cobra写道：

"目前，我们先移除所有与Coinbase和Bitpay（及其相关产品）有关的链接，并发布警告，提醒用户提防Coinbase和Bitpay，因为它们计划切换到我们认为不是真正比特币的项目。这个警告会教用户如何将BTC从这些服务中提取出来，并推荐那些承诺使用真正比特币的替代公司。[16]"

几天后，Cobra分享了一个关于添加"Segwit2x安全警告"的计划，目的是警告用户"这些阴险的公司正在计划什么，以防他们悄悄地展开行动。[17]"这些所谓的"阴险公司"几乎包括了业内最大的、历史最悠久的、最成功的、最受尊敬的参与者——所有不在Blockstream/Core支持行列的公司。仅仅一周后，Bitcoin.org宣布了他们计划将大多数比特币公司列入黑名单：

"Bitcoin.org计划在网站的每个页面上发布一个横幅，警告用户使用支持Segwit2x1(S2X)的服务是有争议的，可能会导致硬分叉。我们将直接点名批评支持S2X的公司……默认情况下，我们将

---

16 "Delist NYA participants from bitcoin.org #1753", Github, August 18, 2017, https://github.com/bitcoin-dot-org/bitcoin.org/ issues/1753#issuecomment-332300306
17 Cobra-Bitcoin, "Add Segwit2x Safety Alert #1824 ", Github, October 11, 2017, https://github.com/bitcoin-dot-org/bitcoin.org/pull/1824

在警告中提及以下以下支持S2X的公司名单[18]：

-1Hash(中国)

-Abra(美国)

-ANX(香港)

-Bitangel.com / Chandler Guo(中国)

-BitClub Network(香港)

-Bitcoin.com(圣基茨和尼维斯)

-Bitex(阿根廷)

-bitFlyer(日本)

-Bitfury(美国)

-Bitmain(中国)

-BitPay(美国)

-BitPesa(肯尼亚)

-BitOasis(阿联酋)

-Bitso(墨西哥)

-Bixin.com(中国)

-CryptoFacilities(英国)

-Decentral(加拿大)

---

18 "Bitcoin.org to denounce "Segwit2x"", Bitcoin.org, October 5, 2017, https://web.archive. org/web/20171028193101/https://bitcoin.org/en/ posts/denounce-segwit2x

-DigitalCurrencyGroup(美国)

-Filament(美国)

-GenesisGlobalTrading(美国)

-GenesisMining(香港)

-GoCoin(马恩岛)

-GrayscaleInvestments(美国)

-Jaxx(加拿大)

-Korbit(韩国)

-Luno(新加坡)

-MONI(芬兰)

-Netki(美国)

-OB1(美国)

-Purse(美国)

-Blockchain(英国)

-Bloq(美国)

-BTC.com(中国)

-BTCC(中国)

-BTC.TOP(中国)

-BTER.com(中国)

-Circle(美国)

-Civic(美国)

-Coinbase(美国)

-Coins.ph(菲律宾)

-Ripio(阿根廷)

-Safello(瑞典)

-SFOX(美国)

-ShapeShift(瑞士)

-SurBTC(智利)

-Unocoin(印度)

-Veem(美国)

-ViaBTC(中国)

-Xapo(美国)

-Yours(美国)

在2017年，这份名单几乎代表了比特币社区的共识，涵盖了几乎整个行业。然而，根据Bitcoin.org的说法，这只不过是一份"作恶公司"名单，这些公司实际上是在脱离共识，执意要劫持比特币，将软件提高到2MB。Trustnodes.com用了一个完美的标题来讽刺这个荒谬的现象："Bitcoin.org要谴责'业内所有的比特币企业和矿工。[19]"

---

19 "Bitcoin.org Plans to "Denounce" Almost All Bitcoin Businesses and Miners", Trustnodes, October 6, 2017, https://www.trustnodes. com/2017/10/06/bitcoin-org-plans-denounce-almost-bitcoin-businesses- miners

不惜一切代价

比特币看起来即将在2017年底分裂为三个不同的链：Segwit1x链（S1X）、Segwit2x链（S2X）和比特币现金（BCH）。S1X和S2X之间的斗争引出了一个关键问题：哪个链将保留"比特币"的名称和符号"BTC"？如果"比特币"与Bitcoin Core软件带来的网络相同，那么显然S1X就是比特币。但如果比特币代表着矿工和更广泛的行业，并且不等同于一个软件实现，那么S2X显然就是比特币。

大多数行业参与者采取了相同的政策，以示中立。无论是S1X还是S2X，哪条链获得了最多的算力，哪条链就将拥有"比特币"的名称。这不仅符合中本聪的设计，也在最大限度地为客户提供稳定性。少数算力链不仅不可靠，还可能导致资金损失。虽然这个政策是合理的，但对于Blockstream和Core开发者来说却构成了生存威胁。截至2017年9月，大约95%的算力表明支持S2X[20]，这几乎等于宣告获取了比特币的名称、符号和网络效应将保留在2MB链上。除非Core开发者设置额外的保护措施，比如在比特币现金分叉时所采取的措施，否则他们的链将面临被彻底消灭的风险。然而，设置这些保护措施就等于承认他们是少数分叉链，并且已经输掉了比特币。因此，他们没有承认失败，而是变得更加激进，并试图让政府介入其中。

Core开发者Eric Lombrozo将S2X称为"严重的网络攻击"，并威胁要采取法律行动，声称：

---

20 "SegWit2x Blocks (historical) Summary", Coin Dance, August 18, 2023, https://web.archive.org/web/20171006030014/https://coin.dance/ blocks/segwit2xhistorical

"社区中的一大部分人希望保留传统链……任何试图摧毁它的行为都将被视为对这些人财产的攻击。这构成了严重的网络攻击，我们将采取技术和法律行动。[21]"

Blockstream的联合创始人Matt Corallo直接写信给美国证券交易委员会（SEC），要求他们介入并提供"消费者保护"以防止分叉：

"我是Matt Corallo，一名比特币的长期开发者……一名比特币操作专家，热心的比特币倡导者，也是比特币交易所交易产品（ETP）的热心支持者。我对当前提交的关于维护比特币存款规则的提议以及在比特币网络规则变化情况下缺乏消费者保护的现状感到非常担忧。

正如'比特币投资信托'（BIT）S-1文件中所描述的，当两组用户就定义系统的规则（即'共识规则'）发生分歧时，可能会发生'永久性分叉'。具体来说，当一组用户希望更改比特币的共识规则，而另一组用户不希望时，很可能导致'永久性分叉'……

需要注意的是，一旦发生永久性的分叉，投资者、企业和用户在决定将哪种加密货币称为'比特币'时，可能会严重混淆市场……在这种情况下，BIT可能会导致长时间的市场混乱，并误导消费者，却又符合其当下的规则和提交内容。[22]"

Samson Mow发布推特，暗示Coinbase违反了纽约州

21 Eric Lombrozo, "Bitcoin Cash's mandatory replay protection - an example for B2X", Bitcoin-segwit2x mailing list, August 22, 2017, https://lists.linuxfoundation.org/pipermail/bitcoin-segwit2x/2017- August/000259.html

22 Matt Corallo, "Subject: File No. SR-NYSEArca-2017-06", September 11, 2017, https://www.sec.gov/comments/sr-nysearca-2017-06/ nysearca201706-161046.htm

的"BitLicense"法律。他在推文中标记了Coinbase和纽约州
金融服务部门（NYDFS）：

"@coinbase违反了#BitLicense的条款吗？支持2x分叉确实引
发了安全问题。@NYDFS[23]"

随后他又继续说道：

"@NYDFS主管是否事先书面批准Coinbase签署#NYA？[24]"

除了威胁诉讼外，他们还使用了更直接的手段攻击那些没把"比
特币"定义为Bitcoin Core软件的企业。例如，钱包服务提供商可能
会面临大量虚假的一星评论，警告用户可能会"丢失资金"或"恶意
软件"，因为他们的公司不支持"真正的"比特币。

Bitcoin.com被列入恶意电子邮件轰炸名单，我们的所有@
bitcoin.com电子邮件每天都会收到成千上万条的垃圾邮件。另一
轮针对NYA支持者的DDoS攻击开始了。持续的妖魔化、人身攻击
和网络骚扰甚至扩展到那些与被宣告为"敌人"有关联的人。当
Bitcoin.org讨论从其网站上删除BTC.com钱包时，Cobra回应道：

"Btc.com与那个怪物吴忌寒有关，我并不介意他们被移除。
那些都是很可怕的人。我双手赞成移除他们。[25]"

吴忌寒是全球最大的比特币矿机制造商比特大陆的联合创始
人。他也是第一个将比特币白皮书翻译成中文的人。他从2011年开

23 Samson Mow (@Excellion), Twitter, October 7, 2017, https://twitter. com/Excellion/
status/916491407270879232
24 Samson Mow (@Excellion), Twitter, October 7, 2017, https://twitter. com/Excellion/
status/916492211700690945
25 Microbit, "Removal of BTC.com wallet? #1660", Github, July 3, 2017, https://github.com/
bitcoin-dot-org/bitcoin.org/ issues/1660#issuecomment-312738631

始参与比特币，并建立了世界上最成功的比特币公司之一，但由于他不服从于Bitcoin Core，被污蔑为一个怪物。事实上，由于几乎所有矿工都支持S2X而不是Core，后者的叙事很快就转向了对矿工的彻底敌意——宣扬Segwit2x是比特币被"矿工接管"。矿工的适当角色不再是保护、保障和扩展网络，而是默默地运行由Core开发者提供的软件。

水军赢了

再一次，Core的施压开始奏效了。许多公司被集中攻击而遭受了严重损害。支持大区块者的帖子在线论坛上被审查，而攻击S2X支持者的帖子被大力推广，无论这些支持者对比特币经济有多么重要。OB1的Brian Hoffman是第一个公开撤回对S2X支持的人之一，不是因为他支持S1X，而是因为他已经厌倦了公司遭受的攻击。他在一篇题为""《SegWit2X：成也完蛋，不成也完蛋》""的文章中写道：

"我支持SegWit2x的一个原因是我希望通过实现SegWit，把摇摇欲坠的社区团结一致。但我错了。我不再觉得这能实现。比特币社区不关心团结，只想要保护那些早期持有者和富有投资者已经积累的财富。"

然后他写到了比特币内部发生的巨大文化转变。比起庆祝大规模采用，社区文化转变成仇视花费比特币的人：

"我不断收到私信，指责我通过鼓励用户在OpenBazaar上花费比特币，是一种伤害比特币的行为。有人将我们的'加密货币是货币日'（Crypto is Currency Day）活动标记为恶意活动，因为他们不认同比特币可以用作一种支付形式。这太令人失望了，但这就是在发生的事情……现在，你可以正式将我列入'#Whatever2X'一栏。我更感兴趣的是去创造积极的局面，而不是与社区中的巨魔和混蛋斗争。26"

在争议和混乱中，加密货币交易所BitFinex——值得注意的是，该交易所没有签署NYA——找到了一种提高推行Segwit2x成本的方法。与大多数从业者不同，他们认为BTC的标志不应基于算力分配，而应给予"现有版本"。他们在公告中写道：

"Segwit2x项目似乎即将激活，我们暂时选择将Segwit2x分叉指定为B2X。现有版本（基于现有的比特币共识协议）将继续作为BTC进行交易，即使B2X链拥有更多的算力……目前，BTC将继续被标记为'比特币'，而B2X将被标记为'B2X'。除非市场能给出一种更合适的标记方案，否则我们将维持原状。27"

其他较小的交易所很快也跟进了相同的政策。这意味着用户可能会在BitFinex以一个价格交易"BTC"，而在Coinbase上以完全不同的价格交易"BTC"。但是像BitPay这样的支付处理器可能根本不认同他们的币种——对于普通用户来说，这无疑是噩梦。想象一下像BitPay这样的交易处理器要向商户或客户解释为什么他们的BTC支付被拒了。这个问题会非常棘手，这也是为什么在2017年11月8日，也就是计划分叉前一周，BitPay写了一封信，呼吁取

26 Kokou Adzo, "Best Programming Homework Help Websites for You to Choose", Startup. info, June 8, 2023, https://techburst.io/segwit2x-youre- fucked-if-you-do-you-re-fucked-if-you-don-t-6655a853d8e7

27 "Statement Regarding Upcoming Segwit2x Hard Fork", Bitfinex, October 6, 2017, https://www.bitfinex.com/posts/223

消Segwit2x[28]。不久后，包括首席开发人员Jeff　Garzik在内的从业者发布了一份联合声明：

"我们的目标是保障比特币的顺利升级。尽管我们坚信增加区块大小的必要性，但我们认为有一件事更为重要：保持社区的团结。不幸的是，很明显我们尚未区块大小升级建立足够的共识。继续沿着目前的道路前进可能会分裂社区，并阻碍比特币的增长。这从来都不是Segwit2x的目标。

随着区块链上的费用增加，我们相信显著地提高链上容量是必要的。当那一刻到来时，我们希望社区能够团结起来，找到一个解决方案，顺利增加区块大小。在此之前，我们将暂停即将进行的2MB升级计划。[29]"

就这样，纽约协议失败了，就像之前的香港协议一样，以及此前的Bitcoin Unlimited、Classic和XT。分裂的威胁风险太大，特别是仅为了实现2MB的限制，这只会细微地提高吞吐量。S2X的失败证明了比特币核心团队已经完全控制了BTC并将永久性地改变其初始设计。任何坚持比特币是数字现金愿景的人都会被迫转向其他项目。幸运的是，Bitcoin Cash立即成为了大区块比特币的出路，不存在Blockstream和核心开发人员向社区施压。Segwit2x取消后的第三天，Gavin Andresen确认BCH是原始比特币项目的延续：

"Bitcoin Cash是我在2010年开始工作时的目标：既是价值存

28 Stephen Pair, "Segwit2x Should Be Canceled", Medium, November 8, 2017, https://medium.com/@spair/segwit2x-should-be-canceled- b7399c767d34

29 Mike Belshe, "Final Steps", Bitcoin-segwit2x mailing list, November 8, 2017, https://lists.linuxfoundation.org/pipermail/bitcoin-segwit2x/2017- November/000685.html

储，又是交换手段。³⁰"

内战是比特币历史上最黑暗的时期，最终导致了原始项目被人劫持。但幸运的是，它的故事并未就此结束。极端主义者会坚持认为比特币的战斗已经结束，核心开发人员代表着最终权威，而BTC的价格上涨证明了小区块哲学的正确性。这些都不是真的。比特币技术仍然是新颖的，而且通过大区块，它可以与世界上的任何现金系统竞争。核心开发人员可能控制着BTC，但他们无法控制BCH。币价取决于市场中能获得的信息质量和精确度。如果当前存在广泛的误导性信息，那么随着更好的信息得以传播，价格必然会相应地调整。比特币的初衷是成为一个快速、便宜、可靠的互联网支付系统，而不是信任一个集中的权威。这个项目还在继续，只是被耽搁了几年。

---

30 Gavin Andresen (@gavinandresen), Twitter, November 11, 2017, https://twitter.com/gavinandresen/status/929377620000681984

第三部分

夺回比特币

第二十章

争夺头衔

　　任何加密货币项目都无法规避腐败，无论其技术多么有前景，因为所有的项目都依赖软件才能存在，也因此无法避免人为因素。人总是有可能被收买，而软件也总是可以被重写。比特币核心（Bitcoin Core）被劫持的过程清楚地展示了这一不幸的事实。尽管加密货币可能代表着未来的货币，但它们是否会让世界变得更加自由仍是一个悬而未决的问题。按照目前的发展轨迹，这项技术可能会被彻底腐化。它可能会被用于赋予个人更多的财务自由，也可能会被用于相反的目的——赋予政府追踪、监视和控制人民的权力。如果人们无法访问区块链并被迫依赖二层网络（second layers），这种负面结果的可能性会大大增加。点对点现金是一种促进人类自由的强大工具；而许可链则是一种限制自由的强大工具。比特币最终是成为一个点对点的现金系统，还是成为一个反乌托邦的傀儡系统，取决于我们未来的决策。

真正的比特币

到2017年底，比特币从内战时代过渡到现今的主流时代。Segwit2x的失败发出了一个明确的信号：中本聪的设计永远无法在比特币核心网络上实现了。小区块已经成为BTC的一个基本特征。因此，任何希望通过大区块扩展比特币的人都被迫从BTC转向BCH。因此，我立即将所有精力投入到推广比特币现金上，因为它代表着我过往七年推广工作的延续。不久后，BitPay和Coinbase等大公司也将BCH整合到他们的服务中，使人们可以用BCH而不是BTC进行购买和支付。

两个项目的竞争随之展开，甚至不仅仅是争夺用户的竞争。比特币现金的存在本身就是对比特币核心的挑战，因为它有"真比特币"这一头衔的合法性。比特币现金诞生后的第一年，BTC和BCH就开始争夺"比特币"这一头衔。虽然如今业界的惯例是称BTC为"比特币"，但这一约定在当时并没有立即确立。如果你理解了这项技术及其历史后，原因便显而易见。对"比特币"这一名称的争夺过去是、现在仍然是至关重要的，没有任何团体能够垄断它。Vitalik Buterin在2017年就表达了这种看法，尽管他认为当时称BCH为"比特币"为时尚早，他在推特上写道：

"我认为BCH是比特币名称的合法竞争者。比特币未能扩大区块以维持合理费用，是对'原计划'的一个重大（非共识）变更，在道德上也相当于一次硬分叉……但目前，我认为声称'BCH=比特币'不是个好主意，因为在'更大的比特币社区'中，这只能代表少数意见。[1]"

---

1 Vitalik.eth (@VitalikButerin), Twitter, November 14, 2017, https:// mobile.twitter.com/

三大关键问题

BCH的诞生提出了每个比特币用户都必须回答的三个关键问题:

1) 比特币是否等同于比特币核心开发者所生产的东西?

哪怕是最狂热的比特币核心支持者也不得不承认,比特币不可能只是比特币核心开发者的产出。果真如此,我们很容易想象出这种项目将如何被腐化。例如,假设与比特币核心相关的主要Github账户被攻破,代码被更改为要求每笔交易都要给一个未知的地址打钱。显然,这意味着比特币核心被黑客劫持了,"真比特币"将不得不运行其他软件。由于劫持的威胁始终存在,这意味着比特币必须放弃比特币核心的参考实现,以保护网络的完整性。但这引出了下一个问题:

2) 何时需要从比特币核心分叉?

比特币生态系统必须时刻准备在必要时切换软件实现——否则,将无法应对开发者被收买的情况。因此,我们必须有某些标准来判断何时需要分叉。如果要求每笔交易突然都要向某实体支付费用,那么这就是一个明确的分叉信号,但并非所有情况都如此明朗。例如,比特币的基本设计被改变成限制普通人访问区块链,这可能也是一个信号。或者,如果最有权势的开发者成立了一家公司,将流量从比特币转移到他们的专有侧链——这也可能是一个信号。我们永远不能掉以轻心,要重视开发集中化的情况。讽刺的是,甚至顶级开发者范德拉安(Van der Laan)在2021年也承认了这一点。他在博客上宣布不再想领导该项目:

---

vitalikbuterin/status/9302762466671450112

"我意识到自己在某种程度上造成了集中化的问题。虽然我认为比特币是一个非常有趣的项目，并且相信它是目前最重要的事情之一，但我还有很多其他兴趣。我最近压力很大，我不希望承受这些，也不希望社交媒体上的奇怪争论开始给我个人贴标签。²"

在主要开发者承认他们开始变得集中化时，这也可能是一个分叉的信号。分叉在某些情况下是合理且必要的。这引出了下一个关键问题：

3）何时分叉能获得"真比特币"的称号？

有能力分叉软件并不足以防止开发者操纵一个项目。分叉软件还必须伴随捕获现有网络效应的能力——分叉的每一方都必须竞争"真比特币"和"BTC"的称号。整个系统的完整性依赖于此。

大多数人没有意识到这些代码（BTC，BCH，ETH，XMR等）是与其附属的底层区块链分开的。事实上，在比特币现金刚诞生的头几天，它在一些加密货币交易所上以"BCC"交易，后来才采用了"BCH"这个符号。这些交易符号是币种网络效应的重要组成部分。实际上，无论在交易所上用"BTC"的是什么，大家都会称它为"比特币"。因此，分叉能够竞争主流代码至关重要。如果比特币核心总是继承这些网络效应，这将是一个巨大的优势，也是彻底捕获比特币的关键，因为任何新竞争者都将不得不从头开始建立自己的网络。如果现有的基础设施无论如何都默认比特币核心，那么所有严肃的竞争都会失去竞争力，而比特币核心开发者将永远无法被解雇或替换。

---

2 Van der Laan, "The widening gyre", Laanwj's blog, January 21 2021, https://laanwj.github.io/2021/01/21/decentralize.html

尽管这些问题至关重要，但很少有人提起它们。公开提出这些问题会激怒那些拼命想控制比特币叙事的社交媒体操纵者。如果公众意识到开发者捕获是任何加密货币项目的生存威胁，他们可能会意识到比特币核心已经捕获了比特币，而比特币现金是试图夺回它的尝试。

反转现状

在Segwit2x失败后不久，比特币现金取代BTC成为真正的比特币存在很大的成功几率。我并不是唯一这么想的人。短短一个月内，BCH的价格从大约650美元飙升至超过4000美元的日内高点！甚至有一段时间，比特币似乎终于要摆脱核心的控制。然而，这种势头并没有继续下去，面对窒息的信息控制，过去几年BCH的价格相对于BTC稳步下降。比特币核心的支持者急于宣布BTC的胜利，因为币价相差太大了，但这为时尚早。

在我看来，BTC的高价几乎完全归因于其继承了网络效应，而不是因为人们对小区块感到兴奋。再过几年，几乎没人理解大区块和小区块的区别。论坛用户MortuusBestia通过一个假设的实验说明了这一点，想象一下如果BTC是BCH的分叉：

"让我们来反转一下这个分叉故事。

想象一下，主导的比特币区块大小为32MB，并计划在未来拓展至GB+区块。这个版本的比特币获得了所有大加密货币企业、项目和服务商的支持，手续费小于1美分，致力于推广至全球，实现广泛采用。

现在想象一些新兴开发者分叉并将区块大小减少到1MB，大幅限制交易容量，人为创造了一个波动的费用市场，旨在产生长期超过100美元的费用，推动用户使用他们称为'中心'的第二层系统，该系统由收费的政府监管的金融中介组成。

这个高费用分叉币会有任何影响力吗？

我们必须明白，当前BTC的价格是基于其现有的地位，而不是其优点。如果有人相信市场永远不会意识到Blockstream/核心重新设计比特币是一个错误，那纯粹是邪教作派。[3]"

这种假设很有道理。一个小区块、高费用的链不会获得巨大的影响力。它或许可以作为一个实验或侧链存在，与中本聪的愿景相比，这实际上是一个新想法。我完全支持这种实验，但它不应该继承BTC的网络效应。整个行业已经停滞了好几年，因为从技术角度来看，核心开发者的实验大部分都失败了。

"你怎么没说Bcash"

BTC极端主义者最强大的武器一直是操控叙事。他们一以贯之地诋毁他人并引导网络信息。我被称为"比特币耶稣"的昵称被颠倒为"比特币犹大"，仿佛我是比特币的巨大叛徒，哪怕我从2011年以来始终如一。他们发起了一场运动，戏称比特币现金为"bcash"，以贬低和拉远BCH与比特币品牌的关系。在BCH社区内部，没有人使用"bcash"来指代比特币现金，但这并不重

---

3 MortuusBestia, "BTC--->BCH has been the most popular trade on ShapeShift.io for some time", Reddit, https://www.reddit.com/r/ CryptoCurrency/comments/8e3eon/comment/ dxs2puh/

要。Core甚至创建了一个虚假的Reddit页面，称为"r/bcash"，由小区块支持者控制，并通过流行的r/Bitcoin页面将人们引导到该页面，误导他们[4]。关于比特币现金的真实信息再次被压制，甚至经常被审查抹去。

由于之前已经见识过这些手段，许多大区块支持者认为"bcash"运动显然是由同一批作恶者发起的，日后泄露的对话也强化了这种质疑。在Adam Back和Cobra（Bitcoin.org域名的所有者）的一次Slack对话中，Back试图说服Cobra将域名转交给别人，因为他指责Cobra暗中支持大区块。为了说明他的观点，Back指出Cobra"说bcash有优势，并且没有叫它bcash[5]"，仿佛仅仅不使用"bcash"这个词就构成了背叛行为。虽然这种统一的语言行为极为琐碎，但它在巩固"比特币现金不该被认真对待"的叙事上非常有效。

BCH开发者Jonald Fyookball写了一篇文章，分析了"bcash"运动背后的动机。他解释道："这很简单：他们想把比特币现金与比特币区分开。他们不希望让比特币现金使用比特币的品牌。而这是非常虚伪的，因为核心团队使用了所有的肮脏手段（审查、搞小团体、谎言和拖延）来篡夺比特币项目以满足自己的目的……他们不希望新用户意识到还有另一个版本的比特币。他们希望那些用户不会意识到比特币最初是点对点的电子现金（而不是核心团队正在推行的这个结算层）。最终，他们希望人们意识不到比特币已经改

---

4 BitcoinIsTehFuture, "It's called "Bitcoin Cash". The term "Bcash" is a social attack run by r/bitcoin." Reddit, August 2, 2017, https://www.reddit. com/r/btc/comments/6r4no6/its_called_bitcoin_cash_the_term_bcash_ is_a/

5 "bashco at least we got a warning right? Cobra I got a concrete head ups, I warned users to check signatures, it's that simple", https://imgur. com/a/wwVSXZW

变了发展方向，而有一个版本的比特币仍在坚持最初的原则。[6]"

　　Jonald的想法与我一致，而且我知道有很多人私下也同意他的观点。

6 Jonald Fyookball, "Why Some People Call Bitcoin Cash 'bcash'.
This Will Be Shocking to New Readers.", Medium, September 18, 2017, https://medium.com/@jonaldfyookball/why-some-people-call-bitcoin- cash-bcash-this-will-be-shocking-to-new-readers-956558da12fb

第二十一章

坏的反对意见

比特币极端主义者的策略已经很明显了，无非就是不停地加强某个叙事，并攻击任何质疑者。如果有必要，他们会审查讨论并篡改历史。利用社交媒体来骚扰、羞辱和胁迫人们屈服。我预计这些战术在未来还会继续使用，因为这些手段到目前为止已经证明是有效的。实际上，比特币核心（Bitcoin Core）的叙事相当脆弱，任何愿意深入探究的人都会很快发现其中的漏洞。虽然有无数例子表明这种行为是多么荒谬，但并不是所有对比特币现金（BCH）的批评都来自作恶者。由于多年来信息在网上被严格控制，大多数人会因为只听到了一面之词而感到困惑。尽管对BCH的批评很容易反驳，但仍然值得我们再次讨论一番。

"严重的技术问题"

《比特币标准》（The Bitcoin Standard）是造成这种混乱的主要原因之一，书中包含了一些基本错误。作者Ammous对扩展性问题的疑问已经得到回应，但他对BCH同样存在质疑。在提到BTC和BCH的币价差异时，他写道：

"[比特币现金]不仅无法获得经济价值，还存在严重的技术问题，几乎无法使用。[1]"

显然，Ammous夸大了BCH在其创建后曾短暂使用的应急难度调整（EDA）机制。在2017年分叉发生之前，我们尚不清楚BCH链会有多少算力，因此EDA这一机制可以确保即使只有少量矿工，BCH链仍然能够正常运行。但缺点是，EDA会导致算力波动，导致区块产出时快时慢。这些波动并不是"严重的技术问题"。它们在事先已经预见到，但其程度被低估了。这确实带来了一些干扰，并且在几个月后，EDA被替换为一个更好的算法。

"这是Roger Ver的币"

我已经记不清多少次被称为比特币现金的"创造者"了，只因为我在推广这个币。这一说法显然是错误的。我与比特币现金的创建毫无关系。事实上，我支持Segwit2x，因为我不希望行业分裂成两部分。我的首选是让BTC保持一致，在S2X失败后，我才决定全力支持比特币现金。

更重要的是，我拒绝效忠于任何特定的加密货币。我一直支持多币种，支持用户有多种选择。竞争是健康的，如果BCH在竞争中输给了另一种加密货币，而那个项目能够带来经济自由，我会完全支持它。目前，比特币现金看起来很有前途，因为它有坚实的技术基础，但如果有另一种加密货币的基础更好，我也支持使用和推广它。

---

1 Ammous, The Bitcoin Standard, p. 229

此外，由于我亲眼目睹了BTC被劫持和开发者被收买的过程，我深知这种情况也可能发生在BCH或任何其他项目上。没有一种技术或社区是完美的，成功也不是必然。因此，我的关注点是加密货币总体上改善世界的实用性，而不会盲目支持某种特定的货币。我不是比特币现金的创造者，但我是其最坚定的支持者之一。

"由少数矿工控制"

另一个常见的反对意见是声称极少数矿工控制了比特币现金（Bitcoin Cash）。对于工作量证明（Proof-of-Work）区块链来说，矿工中心化问题的确是一个合理的关注点，因为存在51%攻击的可能性。但批评者的态度是不一致的。大型矿池确实控制了相当一部分的算力，这是中本聪设计的结果，且这一事实同样适用于比特币（BTC）、比特币现金（BCH）、比特币SV（BSV）以及任何使用SHA-256算法的POW链。事实上，同样的矿工会随着挖矿利润的波动在这些链之间切换。下图展示了截至2023年3月，比特币网络中矿工的集中情况：[2]

这张图表显示，三个矿池控制了65%以上的算力。如果包括另外两家大矿池，总算力占比超过85%。比特币挖矿并不是那么分散。虽然这个担忧很合理，但实际风险不应被夸大。矿池不直接控制连接到它们的矿工。出于任何原因，个人矿工和他们操作的机器可以随时切换到不同的矿池。因此，即使矿池运营商想要发起一次51%攻击，他们也没有机制强迫个人矿工配合。如果批评比特币

2 "Latest Bitcoin Blocks by Mining Pool (last 7 days) Summary", CoinDance, August 18, 2023, https://coin.dance/blocks/thisweek

现金的矿工存在中心化问题，那么这一标准应被一致地应用于所有 SHA-256链。

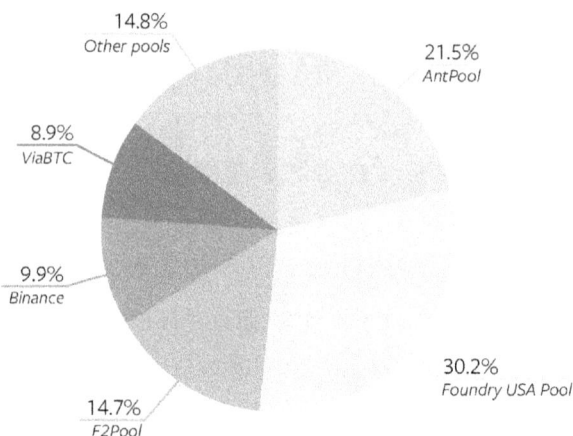

图8: 最近一周内BTC区块的矿池分布

此外，值得记住的是，中本聪在2011年给Mike Hearn的一条消息中写道:

"随着事情的发展，运行全节点所需的人数会比我最初设想的要少。如果处理负载加重，网络也能在少数节点下正常运行[3]。"

中本聪明白，某种程度的中心化是不可避免的，而这种模式在各行各业都会重复出现。问题不在于中心化本身，而在于51%攻击的风险。随着挖矿行业的发展，最大参与者攻击一个已经投入了数亿美元的网络变得越来越不现实。

---

3 Mike Hearn, "Re: More BitCoin questions", Bitcoin.com, January 10, 2011, https://www.bitcoin.com/satoshi-archive/emails/mike-hearn/12/

"开发者很差劲"

比特币核心（Bitcoin Core）的支持者宣称他们拥有所有加密货币项目中最优秀的开发者，尤其比比特币现金（BCH）的开发者要好得多。在比特币现金分叉的头一年里，这是针对BCH最常见的攻击之一，但自2018年底发生的一件事后，这种说法显著减少了。当时，一位名叫Awemany的BCH开发者发现了比特币核心软件中的一个灾难性漏洞。在他撰写的一篇Medium文章中，Awemany解释了事情的经过：

"六百微秒。Matt Corallo在2016年对比特币核心提出了拉取请求，希望在区块验证中节省这一时间……这个600微秒的优化现在导致了CVE-2018-17144漏洞。毫无疑问，这是近年来最灾难性的漏洞，肯定也是比特币历史上最严重的漏洞之一。

这个漏洞被怀疑可能会导致通货膨胀，因为它会破坏系统的可靠性。经过更仔细的分析，这个漏洞被证实确实允许了通货膨胀的发生！"

在所有可能的比特币漏洞中，通货膨胀是最重大的问题之一。这个漏洞一旦被利用，可能会让某些人秘密地增发新的比特币！Awemany对这个漏洞的严重性感到震惊，而且这个漏洞居然通过了Van der Laan和Greg Maxwell这些开发者的审核，这让他怀疑这是否是有意为之：

"老实说，这个改动不可避免地让我产生了怀疑……我想澄清，我并不是说这确实发生了，但这种可能性确实让我感到不安……"

"我一直担心有人会从银行家圈子里潜入比特币开发圈，他们的唯一目的是在比特币中制造无法挽回的混乱，而这正是我所担心的。注入一个隐蔽的通货膨胀漏洞，相当于摧毁比特币的现有系统最核心的优势之一……"

"当然，我并不是说提拉请求PR9049导致了这种情况。实际上，我认为是年轻、傲慢的核心开发者，一个新'宇宙的主人'，因为纯粹的傲慢和自大而造成了这种破坏。这才是更合理的解释。4"

Awemany在2018年9月发现了这个漏洞。尽管常年受到核心开发者的排挤，他还是决定私下向他们披露这一漏洞，而不是利用它来获取经济利益。他本可以选择损害比特币核心的声誉，以及BTC的可信度，但他没有这样做。他的善意却没有得到回报，不仅没有收到Core的感谢，还遭到了更多的批评。这个漏洞涉及到的人也拒绝为这一灾难性的漏洞承担责任。他写道：

"到目前为止，我还没有看到那位开发者或任何其他知名核心开发者承认自己有不完美的地方。"

在这次事件后，极端支持者们仍然拒绝给予Awemany应有的尊重，但这也使得他们声称比特币核心拥有最优秀的开发者的说法站不住脚了。

---

4 Awemany, "600 Microseconds: A perspective from the Bitcoin Cash and Bitcoin Unlimited developer who discovered CVE-2018–17144", Bitcoin Unlimited, September 22, 2018, https://medium.com/@ awemany/600-microseconds-b70f87b0b2a6

第二十二章

创新自由

从Bitcoin Core分叉出来后，Bitcoin Cash的开发者不仅提高了区块大小，还恢复了中本聪在最初设计中构建的一些功能，并对其他创新进行了改进。这些改进增强了BCH创建智能合约、顺利发行代币和最大化交易隐私的能力。企业家和开发者现在有更多的工具可以直接在比特币上进行开发，而无需担心因小区块限制导致产品无法正常运行。

恢复与改进

Bitcoin Cash的开发者及时解除了Bitcoin Core软件中一些不必要的限制。该软件通过使用操作码（"opcodes"）来构建和处理交易，其中一个操作码"OP_RETURN"我们在第十四章中提到过。OP_RETURN允许将数据以一种简单、可扩展的方式添加到区块链中。在BCH中，OP_RETURN的大小被扩大了三倍，使其使用起来更加方便。一些公司已经使用此功能来构建服务下一代的互联网业务，例如去中心化的社交媒体平台。

在比特币的早期历史中，出于安全考虑，中本聪的部分原始操作码被停用了，但Core的开发者迟迟没有重新审查或重新启用这些操作码。Bitcoin Cash的开发者在2018年5月重启了其中几个操作码，进一步扩展了功能。他们还增加了一个全新的操作码OP_CHECKDATASIG，允许将区块链外部的数据纳入智能合约中使用[1]。此后，还添加了更多的操作码，包括一系列新的"原生自检测操作码（Native Introspection opcodes）"，这些操作码结合在一起，极大地增加了BCH智能合约系统的复杂性，同时使代码变得更简单、更小、更高效、更强大。

摆脱了Bitcoin Core的路线图束缚，BCH开发者终于可以专注实现比特币的最初愿景：数字现金支付系统。具有争议的Replace-By-Fee(RBF)功能——这一功能使得零确认交易很容易被撤销——被移除，使即时交易对商家和支付处理者来说更加可靠。

比特币本身就很复杂，而它变得越复杂，开发钱包和其他工具就越困难。RBF增加了不必要的复杂性，但这与引入Segwit的变化相比微不足道。Segwit使用了一种新的地址格式，导致不支持Segwit和新格式的钱包之间难以交易。大多数大区块支持者认为Segwit过于复杂，不是扩展的解决方案，因此在Bitcoin Cash分叉时，他们有意在Segwit激活前分叉出来，从而确保无需从代码库中删除它。这个决定是明智的，为Bitcoin Cash的开发者、商家和用户规避了Segwit的繁琐性。

---

1 Mengerian, "The Story of OP_CHECKDATASIG", Medium, December 15, 2018, https://mengerian.medium.com/the-story-of-op- checkdatasig-c2b1b38e801a

安全性和隐私性

比特币挖矿所需的计算能力是系统安全性的关键。如果挖矿难度太低，作恶者就更容易破坏网络；如果难度太高，区块生成速度就会变慢，从而影响确认时间和交易处理速度。为了保持系统的自我调节，挖矿难度会定期调整。然而，BCH过去的调整有时表现得不够稳定，之后引入了一种新的难度调整算法（DAA），并于2020年进行了升级，使得网络的难度调整更加平稳。

对区块链而言，隐私始终是一个挑战，因为每笔交易都是公开的。然而，偶尔会有一些新技术出现，能够为用户的交易提供更多的隐私保护。Schnorr签名就是这样一种技术，它改进了比特币使用的加密方法，解决了长期存在的交易可篡改性问题。对于隐私来说，最重要的是它允许多个参与者使用一个签名来创建联合交易。这样，外部观察者在查看区块链时，只能看到一笔交易，而无法轻易识别出其中涉及了多个参与者，从而为所有参与者提供了更高的隐私保护。

这一升级促成了CashFusion隐私协议的诞生，该协议不仅实现了上述功能，还采用了其他技术来增强隐私。2020年，Kudelski Security对CashFusion进行了独立的安全审计，并得出结论:

"总体而言，我们认为CashFusion通过采用合理的安全折衷方案，解决了比特币现金匿名交易管理中的现有问题......总体上我们认为，CashFusion提供了一种实用的方法，可以在服务器无法窃取资金或去匿名化用户的情况下，安全地重新组合分散的匿名交易。[2]"

截至撰写本文时，该协议已被用于超过19万笔交易，累计处理超过1700万枚BCH。[3]

提高可扩展性

比特币现金已经可以实现高于比特币核心（BTC）区块链更多的交易，但为了实现全球数字现金的愿景，开发工作仍在继续。社区中已经提出了几个提案，虽然尚不确定它们是否会被纳入代码中，其中一些是为了增强系统安全性的小改动，但有一个名为CashTokens的提案，继续推动BCH在智能合约方面的应用。如果该技术按预期运行，CashTokens将使BCH能够像以太坊网络一样支持去中心化应用，同时具备大区块比特币的可扩展性。

研究人员长期以来一直在探索链上扩展的极限。比特币现金已经有32MB的区块大小限制，但显然这还不足以实现全球普及。早在2017年，Peter Rizun博士就在BCH的"测试网"上成功挖出了一个1GB的区块[4]。随着计算机技术的发展，中本聪所说的"它从未真正达到规模上限"的观点似乎是正确的。实际上，有研究人员想测试Raspberry Pi 4（一种非常小且便宜的单板计算机）是否能在十分钟内验证一个256MB的区块，结果只用了不到两分钟[5]。

2 Kudelski Security, "CashFusion Security Audit", CashFusion, July 29, 2020, https://electroncash.org/fusionaudit.pdf
3 "191457 Fusions since 28/11/2019", Bitcoin Privacy Stats, August 18, 2023, https://stats.sploit.cash/#/fusion
4 Jamie Redman, "Gigablock Testnet Researchers Mine the World's First 1GB Block", Bitcoin.com, October 16, 2017, https://news.bitcoin.com/ gigablock-testnet-researchers-mine-the-worlds-first-1gb-block/
5 "I have previously stated that the latest RPi4 can process Scalenet's 256MB blocks in

与比特币核心支持者的说法相反，原始比特币具有极强的扩展能力，并且这种能力在比特币现金网络上终于得到了实现。现在，矿工可以选择自行增加区块大小限制。如果大多数算力希望将限制提高三倍，他们只需在BCH软件中更改设置，而无需获得中央开发团队的许可。当前，社区正在讨论是否可以完全取消区块大小限制，这一问题Mike Hearn和Gavin Andresen在几年前就提出过。尽管该技术早在2009年就设计出来了，但大区块的比特币仍然是世界上最具可扩展性加密货币之一。

每种加密货币都有支持者，他们宣扬自己的币优于其他币。与其进行抽象的辩论或推销，我强烈建议读者亲自体验一下比特币现金。由于交易费用极低，用户不会因为试验而损失大量资金。我们投入了大量精力开发了Bitcoin.com钱包，用户可以在AppStore中下载，亲身体验中本聪设想的比特币，享受低于一美分的费用和即时交易。与其他项目相比，这种体验本身就是最好的证明。

just under ten minutes. I was wrong.", Reddit, July 8, 2022, https://np.reddit.com/r/btc/comments/vuiqwm/im_terribly_sorry_ as_the_noob_that_i_am_i_have/

第二十三章

分叉还在继续

比特币现金并不是完美的加密货币，其社区也仍然存在一些实际问题，其中一些问题只能被人为管理，而不能完全解决。虽然BCH技术先进，但它无法解决由于大量人们共同参与一个项目而产生的复杂社会问题，治理问题也没有消失。我们在比特币核心中遇到的问题，在比特币现金中再次出现，虽然严重程度较小。在2017年与BTC分裂后，又发生了两次分叉。这些分叉不涉及技术争端，而是因为人物性格不合。从我的角度来看，比特币现金最不吸引人的地方就是这些分叉，它们进一步分裂了大区块社区。尽管这是一个严重的问题，但这些分叉也表明，比特币现金社区不会容忍试图劫持协议的行为，类似于比特币核心发生的情况。

分叉本身并不是一件坏事。事后看来，比特币如果能在几年前就从核心分裂出来，可能会更好。当一个社区内部出现不可调和的分歧时，分叉是一种让双方独立发展各自项目的方式。这就像一种进化过程，不同的群体分支出去，寻找自己的独特路线。如果他们做出了积极的改变，那么项目将有更大的成功机会；如果他们做出了负面的改变，项目自然会消亡。然而，分叉也有代价，因为它们不可避免地会带走部分网络效应，而网络效应是任何加密货币成功的重要因素。分叉还会减少项目中的人才和精力，并且它们似乎不可避免地在阵营之间引发仇恨和竞争，这又会进一步损害生产力。商家也可能会因为分叉受到伤害，因为分叉往往伴随着戏剧性的事件，他们不得不决定是站队还是保持中立。

"中本聪的愿景"

2017年从BTC分裂后，大区块支持者最终围绕比特币现金团结在一起。我们都认识到中本聪愿景的天才之处，并希望从比特币核心中解脱出来，扩展这项技术。然而，关于扩展的讨论并没有消失。应该保持什么样的节奏来提高区块？应该提高到什么水平？

第一次分裂发生在不同的比特币现金实现之间。最受欢迎的实现仍然是由Amaury Sechet领导的Bitcoin ABC，他是2017年BCH分叉的主要程序员。但有些人认为Bitcoin ABC的路线图过于保守，扩展不够激进。因此，一个名为"BSV"（Satoshi's Vision，SV代表中本聪的愿景）的开发团队独立了。他们声称自己在实施比特币创造者的愿景。尽管这个目标值得称赞，但由于Craig S Wright（CSW）这个人声称自己就是中本聪，使得这个项目的意图变得扑朔迷离。Craig S Wright很独特，大多数人对他的主张极为怀疑。然而，有一段时间，我确实认为他可能是中本聪。我非常尊重Gavin Andresen，Gavin曾声称他认为Craig是中本聪，尽管他不能完全确定。其他几位受人尊敬的比特币人士也表达了同样的看法，我信任他们的判断；而且Craig无所顾忌地支持大区块，并知道比特币有潜力实现大规模扩展，这也增强了我的信心。但是，关于他的身份引发了大量争议，他公开提供的证据也极其可疑。无论他的主张是否属实，他确实将一群人团结起来，致力于实现比特币的愿。Calvin Ayre是著名的BSV支持者，他在网络赌博领域获得了巨大的成功，并为BS提供了软件开发的资金支持。

不幸的是，BSV和Bitcoin ABC的某些技术细节不兼容，而且似乎双方都不愿妥协。因此，2018年8月，一群矿工和企业家在泰国会面，试图避免另一次分裂。当时，我认为Bitcoin ABC更有前途，但我乐观地认为我们可以找到共同点。我参加了会议，并在会议前一天晚上与Ayre共进晚餐时进行了合理的讨论。令我感到沮丧的是，第二天早上，Ayre的媒体机构发表了一篇文章，声称会议上的矿工们都同意遵循BSV实现，然而当时讨论还没开始！后来，CSW在会议开始几小时后愤然离场，讨论陷入了停滞，我对他的信任感进一步降低了。这些卑劣的战术让我感到厌恶。

后续的分裂与竞争

接下来的几个月里，两大阵营的敌意加剧。另一次有争议的硬分叉似乎就要发生，不过这次尚不清楚问题将如何解决。在任何一方对其软件进行根本变动前，BSV和Bitcoin ABC还是兼容的，哪怕即使改变了技术细节，这两个不兼容的实现也不一定会产生两条独立的区块链。另一种可能性是，如果一方拥有足够的算力，完全击败另一方，少数派链将被彻底摧毁。尽管这听起来像是一个更具破坏性的结果，但这可能是更好的选择，因为在赢者通吃的情况下，胜者可以保留所有现有的网络效应。如果从争端中产生了两个独立的区块链，这意味着现有的网络效应将被分裂成两部分，并且会诞生两个独立的币。这种竞争通常被称为"算力战",因为双方争夺的是谁能获得更多矿工的支持。

Bitcoin ABC和BSV看起来即将迎来一场算力战。由于我的重点是将比特币用于支付,如果网络出现重大宕机,比特币现金的信誉可能会受到打击。因此,我花费了超过一百万美元租用矿机,以确保Bitcoin ABC获得比BSV更多的算力。作为进一步的预防措施,Amaury Sechet添加了代码,防止对ABC链进行超过十个区块大小的重组。这段代码并未生效,因为最终ABC链积累的算力超过了BSV链,双方最终独立成两条链。BSV创建了一种新币,并获得了"BSV"的代码。虽然我很高兴我方赢得了战斗,并成功摆脱了极具分裂性的Craig Wright,但胜利的代价却无法忽视:我们的网络效应进一步缩小了。2018年11月,BSV分裂后,大区块比特币支持者也分散在不同的项目里了。

自那次分裂以来,BSV在价格和算力都落后于BCH。他们转变了策略,开始申请专利和诉讼。我和加密货币行业的许多人一样,多次被Craig起诉。这些战术受到了广泛谴责,因此BSV成为了声誉最差的币种之一。大多数交易所已经禁止了BSV在其平台上交易,进一步阻碍了其获取用户。虽然我完全支持并鼓励项目之间的竞争,但我无法忍受BSV的领导层决定利用法律来骚扰和伤害人们,包括我自己。2023年2月,Gavin Andresen更新了他的博客,向读者表达了他的看法。在他2016年的那篇文章中,他解释了为什么他认为Craig是中本聪,并在文章顶部添加了一条说明:"我不相信历史会被重写,我将保留这篇文章。但在我写这篇文章后的七年里,发生了很多事情,我现在知道信任Craig Wright是一个错误。我后悔被卷入了'谁是（或不是）中本聪'的游戏中，我不会再参与这个游戏了。[1]"

ABC,另一个Bitcoin Core?

大区块支持者都曾意识到比特币核心（Bitcoin Core）开发者的资金模式存在问题。Blockstream公司通过利益冲突收买了几位核心程序员。然而，仅仅因为我们能够看清比特币核心的问题，并不意味着我们在比特币现金中找到了完美的解决方案。什么才是最好的开发资金机制？这个问题自2017年以来偶尔浮出水面，最终导致了2020年的又一次分裂。

Amaury Sechet是Bitcoin ABC的首席开发者，直到2020年，Bitcoin ABC都是BCH的主要软件实现。虽然Sechet的技术能力备受认可，但他的领导能力备受质疑。加密货币行业不能只靠机器，还需要有才华的人；优秀的领导者需要同时具备软技能和硬技能。无论出于何种原因，该行业往往吸引的都是偏执狂：要么非常擅长与人打交道，要么非常擅长技术，但很少有人能同时兼顾二者。Sechet逐渐变得难以与他人合作，并且他常常抱怨ABC所获得的赞助不够。

2019年，BCH社区提出了开发者资金不足，社区发起了募款活动，为不同的开发团队捐赠了超过800个BCH。我个人多年来也为不同的团队捐赠了数百万美元，并给了Bitcoin ABC大约50万美金。2020年初，这个问题再次浮现。

1 Gavin Andresen, "Satoshi", Gavin Andresen, May 2, 2016, http:// gavinandresen.ninja/ satoshi

占多数算力的矿工群体提出了一项"基础设施资金计划"（IFP），该计划将在六个月内将12.5%的区块奖励转入一个指定用于开发的基金。该基金由香港的一个独立公司控制，他们最初估计IFP将筹集大约600万美元。矿工们在一篇文章中描述了他们的提议：

a. 没有"主节点"投票或其他投票。矿工们决定直接资助开发。

b. 该计划将持续6个月（2020年5月15日—2020年11月15日）。

c. 该计划由矿工们领导和控制，他们可以随时中止。

d. 这不是协议层的改变，而是矿工们决定如何花费他们的coinbase奖励以及构建哪些区块[2]。

我觉得这个计划看起来不错，因为它是矿工们自发组织的，而且只是临时性的。然而，BCH社区的反应却褒贬不一。有人认为12.5%过高，另一些人则指出矿工们在如何分配资金方面的细节含糊不清，这是事实。

经过一番审议，Bitcoin ABC在他们的软件中加入了IFP的代码，但做出了妥协：奖励比例从12.5%降低到5%，并且需要达到一定的矿工同意门槛后，才能生效。如果矿工们不投票，那么计划将失败。

整个想法最终不受欢迎，一个名为Bitcoin Cash Node（BCHN）的竞争性软件被创建来反对IFP。BCHN团队还提供了Amaury Sechet作为领导者的替代方案，毕竟Sechet因攻击和疏远周围的

2 Jiang Zhuoer, "Infrastructure Funding Plan for Bitcoin Cash", Medium, January 22, 2020, https://medium.com/@jiangzhuoer/infrastructure- funding-plan-for-bitcoin-cash-131fdcd2412e

人而削弱了他的领导地位。随着支持BCHN的矿工增加，对ABC和Sechet的支持变少了，IFP最终失败。

作为回应，Sechet在2020年8月宣布，Bitcoin ABC将在11月实施IFP。他的新版本改变了一些关键变量：捐给开发的区块奖励比例从5%增加到8%，且无需矿工支持，即可永久生效。最令人震惊的是，这些资金将直接发送到一个单一地址，由Sechet本人或与他密切相关的人控制。换句话说，Amaury Sechet希望能通过Bitcoin ABC实现从BCH的区块奖励中永久获得资金。哪怕是比特币核心（Bitcoin Core）也没那么胆大妄为！

在宣布新计划的文章中，Sechet表示他会继续推动该计划，不在乎反对意见，也不接受讨论：

"虽然有些人可能更希望Bitcoin ABC不实施这一改进，但这是最后的公告。我已经决定了，并将在11月的升级中实施该计划。[3]"

大部分BCH社区的人都对此感到愤怒。Bitcoin ABC想要把自己定位为Blockstream/Bitcoin Core 2.0，并无限期地为自己争取高达8%的区块奖励。如果BCH网络允许的话，这是一个绝佳的发财机会。研究人员Peter Rizun直言不讳地写道："Amaury Sechet实际上是在修改BCH协议，为他自己和他的朋友们撸币。[4]"

其他BCH开发者对此感到心寒，Jonathan Toomim表示：

"3年来，Amaury Sechet是BCH全节点中唯一最有生产力的开

<hr />

3 Amaury Sechet, "Bitcoin ABC's plan for the November 2020 upgrade", Medium, August 6, 2020, https://amaurysechet.medium.com/bitcoin-abcs- plan-for-the-november-2020-upgrade-65fb84c4348f
4 Peter R. Rizun (@PeterRizun), Twitter, February 15, 2020, https:// twitter.com/PeterRizun/status/1228787028734574592

发者。这是事实，因为作为Bitcoin ABC的维护者，他能够阻止其他人完成任何事情。[5]"

尽管受到批评，Sechet并未让步，他的新代码被引入Bitcoin ABC，并计划于2020年11月上线。三年前，与比特币核心分裂后，BCH成为少数派链并不得不从头开始建立其网络效应。现在类似的情况再次出现。如果Sechet成功劫持了比特币现金，我将对大区块比特币的可行性感到极为悲观。并非出于任何技术原因，而是因为这将证明开发者劫持的系统性弱点。

令我欣慰的是，比特币现金社区不接受他的接管，矿工们也不接受。更多的算力转移到BCHN。到了11月，Bitcoin ABC未能获得足够的支持，并将自己从主网络中分叉出去。Amaury Sechet被解雇，他的项目改名为"eCash"，现在是一条独立的链。

一方面，这些分叉会伤害比特币现金的连续性和用户增长。每次发生有争议的分裂，网络就会缩小，敌意加剧，用户体验变差，人才因为这些戏剧性的事件而出走。然而，另一方面，比特币现金成功地解雇了一个试图为自身利益劫持协议的开发团队。这是一个积极的信号。比特币现金成功摆脱了Blockstream、Craig Wright和Amaury Sechet。我敢说业内没有哪个项目能像BCH这样坚决地抵御开发者的劫持。

5 MemoryDealers, "Even if Amaury and ABC are the best developers in the world, that doesn't mean they deserve 8% of the block reward.", Reddit, October 18, 2020, https://www.reddit.com/r/btc/comments/jdft5s/ comment/g98y9l3/

第二十四章

总结

我们正处于一场货币革命的早期阶段。从历史的角度来看，区块链仍然是一项全新的发明，同任何强大的新技术一样，它可以让世界变得更好或更糟。如果我们不加以防范，它可能会被用来以史无前例的方式监控和控制人类。但如果我们能够解锁它的潜力，将会迎来一个以稳健货币、个人自由和繁荣为特征的新纪元。稳健数字货币的好处是巨大的，但不健全的数字货币的风险同样巨大。如果只能说一个我在过去十年里的经验，那就是这种力量已经引起了政治和金融机构的注意，因为数字货币对现状构成了威胁。

非点对点的交易需要依赖第三方，而旧金融系统大多由这些第三方组成，包括银行、支付处理商、信用卡公司、监管机构以及操纵货币供应的中央银行。中介无处不在，并从他们掌控的每一笔交易中获利。中本聪版本的比特币可以用于日常商业、拥有大区块和对区块链的普遍访问权限，能够绕过这些中介。而比特币核心的版本则没有这些功能。事实上，BTC现在依赖于旧系统才能为普通人服务。甚至闪电网络也依赖于受信任的第三方，因为几乎所有人都必须使用托管钱包，这些钱包实际上是由公司持有的账户，并没有任何革命性可言。2021年底，Cointelegraph发表了一篇文章，充分说明了这一点：

"韩国加密货币交易所Coinone计划从1月起不支持向未经验证的外部钱包提取代币。

Coinone表示，用户需要从12月30日到1月23日注册他们的外部钱包，此后它将限制提款。该交易所还明确指出，用户只能注册自己的钱包，验证过程'可能需要一些时间'，未来可能会有所变化。

Coinone计划验证用户的姓名和居民登记号（所有韩国居民都持有的身份证明），以确保加密货币交易'不会被用于洗钱等非法活动。[1]"

眼下出现了一种新的发展趋势：公司被迫合规，并剥夺客户的隐私。保持交易的点对点性质，并且不使用托管钱包可以对抗这一趋势。然而，如果加密货币无法扩展到允许所有人访问，那么这在现实中是不可行的。

我们可能永远无法知道比特币核心团队修改中本聪设计的真正动机。也许是出于善意，也许是因为核心团队被渗透。不管怎样，结果是一样的：一个小区块版本的比特币，它的颠覆能力被大大减弱了。如果利益相关者没有直接腐化比特币，他们肯定从中受益了。同样的情况也适用于网络上的猎巫审查、广泛的信息控制以及围绕这个话题的社交媒体操控；即使反对者没有造成这些，他们也肯定从中受益。

---

1 Turner Wright, "Coinone will stop withdrawals to unverified external wallets", Cointelegraph, December 29, 2021, https://cointelegraph.com/ news/coinone-will-stop-withdrawals-to-unverified-external-wallets

找到平衡

像我这样的第一代比特币爱好者，想要看到比特币作为点对点电子现金系统被广泛采用，但到目前为止还未能如愿。然而，我们可以从错误中汲取经验。快速、廉价、可靠且抗通胀的数字现金愿景依然存在，但它需要靠谱的人来实现这一目标。仅靠软件无法改善世界；人依然是不可或缺的重要因素！

下一代数字现金爱好者需要比我们早期更为明智的哲学。要建立这样一种哲学，我们应该分析一个系统内部的不同冲突。每一个加密货币项目都面临着无尽的问题，而这些问题从来没有完美的解决方案。相反，需要在这些问题之间权衡利弊。分析这些权衡对提高我们整体理解至关重要。

第一个权衡是将我们的努力集中在一个加密货币项目上还是多个项目上。从大局来看，在多个项目之间进行竞争是件好事。我们不应只忠诚于一个特定的代币。然而，我们的时间、注意力和资源是稀缺的。任何加密货币想要与现有的金融系统竞争，我们需要相互协调。对同一项目的协调越多，它随时间推移就越强大。如果每个人都在一个单独的网络上努力，那么这些网络都不会成功。这就是为什么我现在专注于比特币现金，因为我知道其底层技术能够扩展，并且已经在现实世界中经受住了考验。除非有明确的证据表明存在一个更优越的选项，而不仅仅是理论上的可能性，否则我将继续推广BCH作为最有希望成为数字现金的加密货币。

类似的冲突存在于多个软件实现与强大、称职的领导需求之间。比特币核心和比特币现金的分叉证明了单一开发团队不能被永久信任。比特币必须独立于任何特定的实现。然而，这并不意味着每个开发者都需要创建自己的独立实现。称职的领导者应该招募尊重职业层级的人员来组建团队，就像Mike Hearn所建议的那样。只要系统保持公平，尊重个人贡献，拥有一个主导实现是可以接受的。否则，它将退化为另一起开发者劫持的案例。

对于有争议的硬分叉也是如此。一方面，分叉的能力是比特币治理的一个关键部分。另一方面，分叉极具破坏性并且会损害网络效应。分叉应该被作为最后的手段，不得万不得已，不走这一步；否则社区将因为无关紧要的小事情肆意分叉。2018年，Mike Hearn曾被问及比特币现金的社区和开发结构，他回答说：

"在我看来，比特币现金类似于2014年的比特币社区。这并不好。那个实验已经尝试过了，并且没有奏效。有些人或许会把发生的一切视为一次偶然发生的意外，但我不这么认为。我认为这是当时社区结构和心理特征的必然结果。

因此，仅仅试图'重回正轨'在我看来远远不够激进。如果我能在这个问答中传达一个信息，那就是：要大胆。要勇于承认发生的一切不仅仅是运气不佳。[2]"

历史再次证明赫恩是对的。自他写下这些评论以来，比特币现金（BCH）又经历了两次分叉。再多一次分叉可能会给BCH带来灾难性的恶果。这些根本性的结构问题必须得到解决。一种方法是减少开发人员控制的关键参数。例如，可以通过完全取消区块大小限制，让矿工决定区块的大小，从而避免围绕区块大小限制的所有争

---

2 Mike_Hearn, "AMA: Ask Mike Anything", Reddit, April 5,2018,https://www.reddit.com/r/btc/comments/89z483/ama_ask_mike_ anything/

议。把更多的决策交到矿工和企业手中，而不是协议开发者手中。

更根本的是，一个成功的项目需要随着时间的推移展示出稳定性。添加新功能可能具有吸引力，尤其是对于计算机程序员来说，但这会以稳定性为代价。企业无法在不稳定的平台上构建产品，如果他们使用的支付技术每隔几个月就发生变化，那对企业而言毫无益处。一个全球性的数字现金系统必须坚如磐石。一旦核心功能确定，就不应被轻易更改，除非有必须更改的理由。有许多其他加密货币试图像以太坊一样，提供一个通用的智能合约和其他复杂功能的平台，但并不是每种币都需要像以太坊那样；我们需要一些项目专注于简单、便捷的现金交易，并能扩展到共全世界使用。

比特币还有一个独特的特性值得讨论。随着时间的推移，BTC和BCH的区块奖励都会逐渐减少，这意味着在不久的将来，矿工的大部分收入将来自交易费用，而不是新铸造的币。这对BTC来说是一个严重的挑战，因为小区块需要高交易费来维持安全性。但BCH的矿工将继续享有一种直接的盈利机制，这要归功于中本聪的原始设计。仅仅通过扩大用户基础并处理更多的交易，他们就能获得丰厚的报酬。例如，如果有五亿人每天使用比特币现金两次，那就是十亿次日交易。每笔交易的费用为0.01美元，这意味着每天约有一千万美元的收入，或者每年超过35亿美元的收入，这些收入将由矿工们分享。这为扩展网络提供了极大的动力。

追求自由

加密货币行业充斥着仇恨和分裂，各个竞争项目常视对方为死敌。但整体上看，我们大多数人都立场一致。我们希望获得更多的人类自由，减少对生活的集中控制。世界已经为点对点电子现金做好了准备。尽管比特币核心（BTC）的叙事存在诸多错误，但它激励了数百万渴望看到货币与国家分离的人们。数字黄金的概念已经被广泛接受；我们只需等待人们意识到，他们可以同时拥有数字黄金和数字现金，使用同一网络和同一种货币。

大多数人根本不了解比特币核心的故事。他们不知道区块链可以扩展，也不知道比特币网络被刻意重新设计成高费率的样子。他们不了解Blockstream把流量转移到他们的专有区块链上来获利。他们不了解闪电网络的缺陷和托管钱包的普及。他们也不知道网络信息多年来被严格控制和审查，服务于单一的主流叙事。但全人类都会支持不受集中权力控制的数字货币这一理念，一个在BTC网络上无法实现的美好愿景。所以从某种意义上说，尽管存在广泛的错误信息，但最难的部分已经完成了。相对于让人们接受加密货币的理念，转移到另一个区块链上是相对容易的。

过去的十年，我彷佛身陷一场旋风之中。我见证了突破性技术的诞生及其随后的腐化。我帮助播下了新兴行业的种子，看到它们生根发芽，并在途中结识了终身的朋友。我热情地推广比特币让我获得了"比特币耶稣"的绰号，几年后又因为传播同样的信息而被称为"比特币犹大"。我目睹了我的资产价值上下波动了数百万倍。

这真是一段疯狂的旅程。我希望三十年后能够亲眼见证，为这个行业投入的体力、精力、财力和情感使这个世界变得更加美好。比特币和加密货币的成功不应仅以币价或早期投资者是否暴富来衡量，而应以这项伟大的新技术为世界带来了多少自由来衡量。

www.ingramcontent.com/pod-product-compliance
Lightning Source LLC
Chambersburg PA
CBHW031954190326
41520CB00007B/240